U0418168

献礼中国共产党百年华诞

湖北省公益学术著作出版专项资金资助项目
新时代国家治理现代化研究丛书
丛书主编　欧阳康

◇　国家社会科学基金项目“中国特色社会主义语境下国家治理综合评估体系研究”(15BKS064)成果
◇　华中科技大学文科“双一流”建设项目“国家治理湖北省协同创新中心建设专项”基金资助成果

中国国家治理现代化综合评估体系研究

杜志章◎著

華中科技大學出版社
http://press.hust.edu.cn
中国 · 武汉

图书在版编目(CIP)数据

中国国家治理现代化综合评估体系研究/杜志章著.—武汉：华中科技大学出版社，2023.2

(新时代国家治理现代化研究丛书)

ISBN 978-7-5680-7938-9

Ⅰ.①中… Ⅱ.①杜… Ⅲ.①国家-行政管理-现代化管理-评估-研究-中国 Ⅳ.①D630.1

中国版本图书馆 CIP 数据核字(2022)第 015504 号

中国国家治理现代化综合评估体系研究 杜志章 著

Zhongguo Guojia Zhili Xiandaihua Zonghe Pinggu Tixi Yanjiu

策划编辑：周晓方 杨 玲

责任编辑：刘 凯

封面设计：原色设计

责任校对：谢 源

责任监印：周治超

出版发行：华中科技大学出版社(中国·武汉) 电话：(027)81321913

武汉市东湖新技术开发区华工科技园 邮编：430223

录 排：华中科技大学惠友文印中心

印 刷：湖北新华印务有限公司

开 本：710mm×1000mm 1/16

印 张：11 插页:2

字 数：156 千字

版 次：2023 年 2 月第 1 版第 1 次印刷

定 价：89.00 元

内容提要

本书坚持普遍性与特殊性相结合的原则，在广泛借鉴国内外治理评估的理论与实践的基础上，充分结合中国的历史传统和现实国情，探索既体现“善治”共同价值，又反映中国特色社会主义价值体系的国家治理综合评估体系。该评估体系具有极强的实践导向性，通过对国家治理体系、国家治理能力和国家治理绩效的综合评估，判断治理现状与治理目标的差距，肯定治理成绩，发现治理问题，从而进一步明确改善治理的任务和方向，在实践上为推进国家治理现代化提供参考。

总 序
新时代国家治理现代化的使命与境界[①]

习近平总书记强调，面对改革进入攻坚期和深水区、各种深层次矛盾和问题不断呈现、各类风险和挑战不断增多的新形势，必须努力提高改革开放和发展进程中的科学决策水平，推进国家治理体系和治理能力现代化。

当前，中国国家治理正面临着从传统向现代的深度转型。这种转型既是一个渐进的过程，需要延续与传承，又是一个跃迁的过程，需要变革与创新。通过国家治理的理论创新和实践创新，有可能更好地发挥传统治理优势，创造新型治理优势，把两个优势内在地结合起来，为中国国家治理注入新的内容与活力，提升新时期新形势下的治国理政能力，也有可能为人类对更加理想的社会制度的探索提供中国方案。

一、强化使命意识，确立国家治理现代化的战略定位

自党的十八届三中全会首次提出推进国家治理体系

① 此序为作者主持的2014年度教育部哲学社会科学研究重大课题攻关项目“推进国家治理体系和治理能力现代化若干重大问题研究”（教社科司函〔2014〕177号）的成果之一；国家社科基金十八大以来党中央治国理政新理念新思想新战略研究专项工程项目“十八大以来党中央治国理政新理念新思想新战略的哲学基础研究”（批准号：16ZZD046）的成果之一；教育部社会科学司2018年“研究阐释党的十九大精神专项任务”的成果之一。

和治理能力现代化以来，中国共产党和中国政府的治国理政提升到了全新思想境界和高度实践自觉。习近平新时代中国特色社会主义思想中包含着治国理政的丰富内容，尤其是党的十九大报告，全面总结中国共产党治国理政的历史经验，将中国国家治理体系和治理能力现代化与中华民族伟大复兴的战略目标内在地结合起来，把全面建设社会主义现代化强国的新征程分为两个具体的阶段，并把国家治理现代化既作为社会主义现代化的必要制度保障条件，也作为其实现程度的重要表征。

第一个阶段，从2020年到2035年，在全面建成小康社会的基础上，再奋斗十五年，基本实现社会主义现代化。在这个阶段，除了经济实力、科技实力、社会文明程度、人民生活状态、生态文明状态等指标外，从国家治理的角度看，那就是"人民平等参与、平等发展权利得到充分保障，法治国家、法治政府、法治社会基本建成，各方面制度更加完善，国家治理体系和治理能力现代化基本实现……现代社会治理格局基本形成，社会充满活力又和谐有序"。第二个阶段，从2035年到21世纪中叶，在基本实现现代化的基础上，再奋斗十五年，把我国建成富强民主文明和谐美丽的社会主义现代化强国。到那时，我国物质文明、政治文明、精神文明、社会文明、生态文明将全面提升，实现国家治理体系和治理能力现代化，成为综合国力和国际影响力领先的国家，全体人民共同富裕基本实现，我国人民将享有更加幸福安康的生活，中华民族将以更加昂扬的姿态屹立于世界民族之林。

由上可以看出，国家治理现代化与民族伟大复兴的三重关系：国家治理现代化是中国特色社会主义现代化的必要制度体系和能力保障；国家治理现代化是中国特色社会主义现代化强国的重要内容和组成部分；国家治理现代化是社会主义现代化强国的突出标志和重要表征。

二、强化历史意识，深入总结中国国家治理的历史智慧

历史是现实的镜子，历史研究是学术研究的基础，也是实践创新的前提。中华民族五千多年的发展历史，留下了历代先哲贤人“修身齐家治国平天下”的丰富历史经验和思想智慧，给我们重要的启示与借鉴。深入研究古往今来中国国家治理从理念、制度、政策到行为等的发展历程，可以更好地总结历史经验，反省重大失误，探究深层原因，明晰历史教训，掌握客观规律，确立决策参照，提升决策智慧。例如：如何在传统之道与现代之势之间更好地保持张力？社会发展的延续性和传承性决定了历史演变规律会深刻地延续并影响到今天，要求我们尊重前人、历史和经验，但社会发展的不可逆性又决定了今天不可能是昨天和前天的简单延续，一定会有新的变革与需求，要求我们会通古今，勇于探索、超越与创新，自觉地从中国社会发展历史经验和教训中学习，不仅有可能使当代中国的国家治理体系和治理能力现代化获得更加丰富的中国经验和中国内涵，也有可能获得更加坚实的历史基础，丰富其理论内容，更新其理论形态。

三、强化创新意识，更好地发挥中国政治制度治理优势

提升国家治理能力首先必须研究如何更好地发挥中国的政治制度和政治治理优势。1949 年以来，我们形成了马克思主义指导、中国共产党领导、社会主义道路、人民民主专政四位一体的国家治理体系，并在实践中不断加强和完善。这是我国政治制度的最大优势，已经成为我国国家治理的最基本传统和最重要格局，是我国国家治理的安身立命之所，必须在新时期得到自觉和有效的坚持。

随着时代的发展和中国的进步，它们也需要获得最大发展和创新，以保障和展示中国道路的特殊优越性。为此至少应努力实现四大升华：第一，马克思主义要进一步由外来思想真正内化和升华为“中国思想”，与中国优秀传统文化内在融合，直面并回答当代中国最重大的理论和实践问题，造就中国化的马克思主义新形态，在中国化、时代化的进程中真正融入中国社会，融入中国民众的精神家园；第二，中国共产党要由领导角色进一步落实和升华为“服务角色”，善于团结和汇聚中国各种政治力量，通过科学决策、政治引领和组织保障，强化协商民主，善于支持和激励人大、政协、政府、企业和各种社会组织等多元主体共同治理中国社会，发挥党员个体的先锋模范作用；第三，社会主义要由传统模式进一步拓展和升华为“中国模式”，既能坚持社会主义核心价值体系，践行人类文明进步的基本原则，又能探索中国道路，强化中国特色，激发社会活力；第四，人民民主专政要由国家主导进一步拓展和升华为“人民主导”，坚持依法治国，落实以人为本，切实保障人民主体地位。以上四个方面的变革与创新应当相互影响，良性共振，极大地激发中国国家治理的传统优势，在中国国家治理中发挥更大作用。

四、强化批判意识，透析当前中国社会的价值多元化状态

国家治理既要适应当前中国的价值多元化状态，也要引领中国社会的价值合理化进程，为此要求哲学社会科学研究发挥应有的批判功能。要准确盘点当前中国社会存在的各种社会思潮、各种利益诉求、各种价值取向、各种实践行为等，并对其做出合理性评估，张扬其合理内涵，批判其不合理方面，为人们做出恰当的价值选择提供指导。

当代社会迅速转型，进入价值多元化状态，难免泥沙俱下、鱼

龙混杂、良莠俱存。应当看到，当代中国社会的多元价值并非都是合理的和健康的，为此必须对那些不健康、不合理的价值观进行批判和斗争，对健康、合理的价值观予以保护和张扬，对多元价值进行有机和有序整合，在此基础上构建能够保障各种正当利益和合理价值诉求的社会利益分配机制和价值实现机制，引领多元价值的健康发展方向。例如，要研究当前中国各种价值之“元”之间有无共同基础，探讨国家认同的共同前提在哪里，如何进一步增强；要研究不同的价值之“元”间的基点之间的差异，探讨应否、能否和如何通过一个有机的整体体系整合不同的“元”；要研究中国国家治理的本底基础(底线)和高端目标在哪里，探讨当前中国国家治理体系需要多大的覆盖面、多深的包容度和多元的复杂性，为中国国家治理现代化提供理论保障和对策依据。

正是在这个科学批判的过程中，马克思主义也将更好地展示自己的革命性和批判性，增强其说服力和解释力，在提高全民族的思想自觉和理论自信方面发挥更大作用，实现自身的价值。从社会认识论的角度来看，哲学社会科学在本质上就是人的理性自我认识，且研究哲学社会科学应当为人民“代视”与“代言”。这两个功能规定，要求我们自觉深入到人民群众的生产、生活实践之中，聚焦当代人类、中华民族和个体在生存发展中面临的重大问题，从人类文明进步和中国人生存发展中汲取营养和活力，既敢于为人民“鼓与呼”，发时代之先声，扬人民之精粹，树社会之正义，又善于用科学思想理论武装和感染人民，彰显中国特色，提升人生境界，引领发展方向。

五、强化整合意识，提升中国国家治理能力的有效性

第一，加强顶层设计与荟萃全民智慧。中国国家治理总体上看需要更好地发挥中央和各级组织在战略设计和宏观布局方面的引领作用，以便更好地体现中央意图、政府主导、民族大义、全局利

益，同时又要善于立足大众，尊重个体，关照民意，动员全体，把从上至下与从下至上内在地结合起来。

第二，在法治之刚与德治之柔之间保持张力。社会生活的多层次性和人性的复杂性要求国家治理体系与治理方式的多方面和多层次性。依法治国和以德治国的有机结合既是客观需要，也是治国智慧。一方面要努力通过刚性的法律与法治为社会大众划定行为底线与边界，另一方面要通过柔性的美德提升人们的思想境界与价值追求。

第三，自觉应用现代科技和网络体系参与国家治理。信息化已经并在继续极为深刻地改变着人们的生产、生活与交往方式，也要求新时代的信息化国家治理方式。应努力学习应用现代治理模式与治理技术等，为中国国家治理注入新理念、新技术、新动力。

综上所说，我们只有通过最大限度的创新与创造，把传统优势与创新优势充分发挥出来，才有可能既超越自我又超越西方，不仅为中华民族伟大复兴提供制度和治理保障，也能为全球治理提供中国方案和中国智慧。

“新时代国家治理现代化研究丛书”策划的宗旨是贯彻党的十八届三中全会、十九大和十九届四中全会关于坚持和完善中国特色社会主义制度，推进国家治理体系和治理能力现代化的精神，以“新时代国家治理现代化”为主题，从理论、方法、实践等多维视角对推进国家治理现代化进行探讨。本丛书作者团队以华中科技大学国家治理研究院研究员为主，邀请武汉大学、湖北省社会科学院等相关领域的知名专家共同组成。

欧阳康著的《国家治理现代化理论与实践研究》，从国家治理的价值范畴、演进逻辑、比较优势等理论层面，以及基层治理、政治治理、全球治理、绿色发展和生态治理等实践难题入手，发力国家治理的理论创新和实践创新，为人类对更加理想的社会制度探索的全球治理提供中国方案和中国智慧。虞崇胜著的《国家治理现代化的制度逻辑》，紧紧围绕坚持和完善中国特色社会主义制度这个主题，深入探讨制度建设在国家治理现代化中的重要地位和作用，着重研究不同制度要素之间的逻辑关系，探寻中国特色社会主义制度发展规律，以期为新时代国家治理现代化特别是制度现代化提供理论支撑和实践路径。杨述明著的《智能社会建构逻辑》,集中选取智能社会演进过程中社会建设与社会治理的关键领域,敏感地触及社会智能化的新变化,从智能社会视角尽可能地揭示其演进规律,系统厘清智能社会演进逻辑与建构逻辑,有助于人类更理性、更全方位地认识社会、国家各项机制运转,进而更加积极从容应对新的社会形态图景下的社会生活实践。杜志章著的《中国国家治理现代化综合评估体系研究》,旨在立足中国特色社会主义的现实,广泛借鉴国内外治理评估的理论成果与实践经验,充分结合中国的历史传统和现实国情,坚持普遍性与特殊性相结合,探索既体现人类共同的"善治"追求,又反映中国特色社会主义核心价值体系,具有显著的时代性、民族性和实践导向性的国家治理理论和国家治理评估体系。张毅等著的《网络空间国际治理研究》,从网络空间国际治理的概述出发,分析各国的治理经验,总结治理模式,并对网络空间基础设施、网络数据、网络内容、网络空间治理主体等领域的问题进行分析,试图依据我国"推动构建网络空间命运共同体"的国家战略探讨网络空间国际治理的新趋势。吴畏著的《当代西方治理理论研究》,跨学科、广角度、全景式地论述西方治理理论的历史、概念、逻辑和最新成果,为建构"国家制度和治理体系"的中国话语体系和理论形态提供理论借鉴,为推进新时代国家治理体系和治理能力现代化提供他山之石。叶学平著的《中国经济高质量发展理论与实践研究》,对高质量发展的主要内容、指标体系、衡量标准、统计体系和考核评价体系进行了全面系统的研究和构建,从理论与实践角度对新时代中国经济高质量发展面临的挑战和需要处理的几大关系也进行了分析,并提出了新时代中国经济高质量发展的实现路径和政策建议。赵泽林、欧阳康著的《中国绿色发展理论与实践研究》,旨在开展绿色发展精准治理的政策研究,通过权威部门公开发布的统计数据,利用具有自主知识产权的绿色发展大数据分析平台,客观呈现中国内地大部分省(市、自治区)绿色 GDP(国内生产总值)、人均绿色 GDP、绿色发展绩效指数的年度变化情况,并对其未来发展提出了合理可行的对策性建议。杨华祥著的《中国传统治理经验及其现代转换研究》,在深入梳理中国古代治理思想主要内容及其发展历程和分析了中国历史上兴衰治乱的深层原因的基础上，提出在新时代国家治理现代化要坚持实事求是和人民至上的原则，推进传统治理思想的创造性发展和传统典章制度的创造性转化，助推国家治理体系和治理能力现代化走向完善。李钊著的《国家治理现代化公共行政理论创新研究》，将公共行政置于国家建构的广泛背景之中，用社会合作型组织取代官僚制模式，依靠多维度运作的模型使公共行政切合现代社会领域分化的趋势，以期在使中国国家治理各项目标切实可行的基本前提下，借助公共行政的媒介塑造各社会领域的内在秩序，把中国文化和制度的宏观建构推向新的高度。

本丛书是国家治理领域的重大研究成果，在学术上有利于深化和拓展对国家治理理论的研究，在实践上可以为推进国家治理体系和治理能力现代化提供参考。

华中科技大学国家治理研究院院长
华中科技大学哲学研究所所长
国家万人计划“教学名师”

2020年6月于武汉喻家山

前言

党的十八大以来，中国特色社会主义进入新时代。“新时代”是中国发展新的历史方位。党的十九大报告用三个“意味着”揭示了“新时代”的丰富内涵：一是意味着近代以来久经磨难的中华民族迎来了从站起来、富起来到强起来的伟大飞跃，迎来了实现中华民族伟大复兴的光明前景；二是意味着科学社会主义在二十一世纪的中国焕发出强大生机活力，在世界上高高举起了中国特色社会主义伟大旗帜；三是意味着中国特色社会主义道路、理论、制度、文化不断发展，拓展了发展中国家走向现代化的途径，给世界上那些既希望加快发展又希望保持自身独立性的国家和民族提供了全新选择，为解决人类问题贡献了中国智慧和中国方案。这三个方面既是中国特色社会主义走进新时代已经取得的伟大成就，也是新时代中国特色社会主义所面临的任务和要为之奋斗的目标。随着中国“十三五”目标的达成，在中国共产党成立一百周年之际，实现了“全面建成小康社会”的第一个百年奋斗目标，上述新时代的新任务和新目标也正是到本世纪中叶将要实现的第二个百年奋斗目标的要求，即建成富强民主文明和谐美丽的社会主义现代化强国。

“现代化国家”天然地蕴含着“国家治理现代化”。国家治理现代化是在党的十八届三中全会通过的《中共中央关于全面深化改革若干重大问题的决定》

中提出的重大命题，即“全面深化改革的总目标是完善和发展中国特色社会主义制度，推进国家治理体系和治理能力现代化”。党的十九大对实现国家治理体系和治理能力现代化目标作出分两个阶段推进的战略安排：到二〇三五年，人民平等参与、平等发展权利得到充分保障，法治国家、法治政府、法治社会基本建成，各方面制度更加完善，国家治理体系和治理能力现代化基本实现；到本世纪中叶，我国物质文明、政治文明、精神文明、社会文明、生态文明将全面提升，实现国家治理体系和治理能力现代化。

“国家治理现代化”是衡量中国特色社会主义事业的重要尺度。究竟什么是国家治理现代化？如何推进国家治理现代化？首先需要明确国家治理现代化的标准是什么，而且需要有一把衡量国家治理现代化的标尺，即国家治理评估体系。因此，探讨国家治理现代化的标准及其评估体系，对中国的治国理政水平进行综合评估，总结经验教训、提出对策建议，是推进新时代中国特色社会主义事业的重大时代课题。本书以“中国国家治理现代化综合评估体系研究”为书名，是本人承担的2015年度国家社会科学基金项目“中国特色社会主义语境下国家治理综合评估体系研究”（项目编号：15BKS064）的最终成果，其任务在于努力构建一把衡量中国国家治理现代化的标尺。

本研究在全面梳理国内外已有各种治理评估体系的基础上，结合新时代中国特色社会主义实际，构建起既具有中国特色又具有时代特征的中国国家治理现代化综合评估体系。20世纪90年代西方治理理论兴起，便有了相应的治理评估体系。较早的且应用最广泛的治理评估体系是1996年由世界银行制定的“全球治理指数”（worldwide governance indications，WGI）。随着西方治理理论在全球的普及，相继出现了各种类型的治理评估指标体系，涵盖全球治理、国家治理、区域治理、城市治理、社会治理、行业治理、企业（公司）治理等，数量多达数百种。改革开放之后，中国在广泛借鉴人类文明积极成果的进程中也引入了西方治理理论。各种治理评估体系也在中国各领域被广泛借鉴，在很大程度上激发了中国的发展活力，提高了中国的治理水平。然而，各种治理评估体系天然地蕴含着其评估主体的价值旨趣，尽管所有评估体系都以“善治”(good governance)为追求，但作为价值判断的“善”，其标准因价值主体不同而有所区别。西方主导的治理理论中的“善治”标准多为新自由主义的一系列规范性主张，强调“小政府大社会”“多元主体”“多中心主义”“绝对人权与绝对民主”“彻底私有化、完全市场化、绝对自由化”等，在许多方面与中国特色社会主义价值存在冲突。因此，本书一方面借鉴了西方治理理论的积极因素，也结合中国的历史传统和现实国情作了必要的价值转换和话语转换，即符合中国特色社会主义话语体系，体现中国社会主义核心价值观，以建成富强民主文明和谐美丽的社会主义现代化强国和实现中华民族伟大复兴的目标为中国国家治理评估的价值尺度。此外，目前国外的治理评估主要包括两种类型：一是大型国际组织或发达国家基于投资或援助目的针对欠发达国家或地区进行治理现状评估或投资援助绩效评估；二是针对某一领域的专项评估，例如民主评估、人权评估等。国内也有不少学者研究国家治理评估问题，除了原中央编译局俞可平、何增科等提出的“中国治理评估框架”(2008)和“中国社会治理评价指标体系”(2012)，以及中共中央党校(国家行政学院)沈传亮提出的“国家治理能力现代化评估体系”(2014)等综合性评估之外，多数学者侧重于国家治理某一领域的评估，例如基层社会治理评估、社区治理评估等。因此，本书将从综合层面，制定包括国家治理体系评估、国家治理能力评估、国家治理绩效评估在内的综合评估体系。

基于上述分析，本书有三个方面的突出特点：中国特色、综合评估、可操作性。首先，“中国特色”，指以中国国家治理和地方治理为评估对象，以中国社会主义核心价值观为价值尺度，以建成富强民主文明和谐美丽的社会主义现代化强国和实现中华民族伟大复兴为目标指向，以马克思主义指导下的中国特色社会主义哲学社会科学为话语体系；既充分借鉴西方治理理论的合理成分，又保持鲜明的中国特色和社会主义意识形态立场，不生搬硬套西方治理理论的价值尺度和话语体系。其次，“综合评估”，国内外多数治理评估体系为专项治理评估，要么以“价值”的实现程度为评估对象，例如民主测评、人权状况、廉洁指数等，要么以不同领域的治理为评估对象，例如城市治理、基层社会治理、乡村治理、社区治理等。本评估体系是对国家治理进行综合评估，既涵盖了政治、经济、文化、社会、生态各领域，又包括治理体系、治理能力、治理绩效各环节。最后，“可操作性”，本评估体系具有完整的评估框架，具有清晰的价值尺度，多数四级指标的数据获取渠道明确，各类指标的权重设置合理，计算方法可行，因而具有较强的可操作性。当然，一些四级指标的表述还不够准确，也有一些数据获取的渠道还不十分明确，有待在评估实施过程中进一步修订和完善。

从内容上看，本书确立了中国特色社会主义语境下国家治理评估的价值原则，制定了中国国家治理综合评估框架，并从国家治理体系评估、国家治理能力评估、国家治理绩效评估三个维度制定了中国特色社会主义国家治理综合评估指标体系。

“国家治理”是一个具有浓郁中国气息的概念。党的十八届三中全会之前，“国家治理”基本停留在学术层面，而且局限在政治学、公共管理学领域。从党的十八届三中全会之后至今，“国家治理”便上升到国家战略和政治层面，而且在治国理政各领域被广泛运用。当然，中国语境下的“国家治理”之“治理”既不同于传统中国的“治理”，也不同于西方传统的“governance”，而是包括古今中外各种积极因素在内的“治国理政”。对中国国家治理评估必须遵循中国的价值原则，具体包括：第一，国家治理现代化必须以坚持和完善中国特色社会主义制度为前提；第二，国家治理现代化必须以坚持中国共产党的全面领导为根本保证；第三，国家治理现代化必须以中国特色社会主义核心价值观为价值引领；第四，国家治理现代化必须坚持人民性，体现以人民为中心的理念；第五，国家治理现代化必须以实现中华民族伟大复兴的中国梦为奋斗目标。

国家治理评估体系在价值维度必须体现科学性原则、正当性原则和有效性原则，在技术维度必须体现完整性原则、典型性原则、互斥性原则和“可操作性”原则。基于上述原则，本书制定了中国国家治理综合评估框架。人们通常理解的治理评估更多是指治理绩效评估，即对治理结果好坏的评估。事实上，依据结构功能主义，治理结果的好坏取决于治理体系是否健全以及治理能力是否强大。如果只注重治理结果的评估往往会陷入“为评估而评估”的圈套，不易使人反思治理体系、治理能力和治理过程本身是否存在问题。因此，本评估体系包括国家治理体系评估、国家治理能力评估、国家治理绩效评估三个子系统，三者之间是结构、功能与效果的关系，三者相互影响、紧密相扣。其中，“国家治理体系评估”下设4个二级指标：制度体系、体制机制、法治体系、体系协同。“国家治理能力评估”下设6个二级指标：党的领导能力、政府履职能力、市场调节能力、社会参与能力、多元主体协同能力、科技支撑能力。“国家治理绩效评估”下设5个二级指标：经济建设绩效、政治发展绩效、文化建设绩效、社会建设绩效、生态文明建设绩效。需要说明的是，中国的治国理政除了经济、政治、文化、社会、生态这五个领域之外，还包括党的建设、军队建设、国防建设、外交工作等，其中“党建”在中国本身就是政治领域的重要任务，军队、国防、外交等方面的主体是国家，在地方治理评估中不涉及这些领域，而且在广义上也属于政治的范畴，因此这些都将被笼统地纳入“政治发展绩效评估”之中。该指标体系包括3个一级指标、15个二级指标、57个三级指标、210个四级指标。在指标筛选及权重确定过程中，本研究较多地采用“层次分析法”(analytic hierarchy process)，国家治理评估涵盖结构和功能、要素和系统、过程和结果等各方面、各环节，所涉及的数据有结构化数据也有非结构化数据，有定性描述也有定量分析，有主观表达也有客观数据。因此，一方面，为了确定重要指标，本研究把国家治理评估相关数据进行层次和类别的划分，建构层次分析结构模型，通过“要素成对比较矩阵图”进行指标筛选；另一方面，为了将不同类型、不同性质的数据统一起来，本研究采用李克特量表(Likert scale)将所有类型的数据根据其数量、程度、强度、频率、优劣等分成1～5五个等级，这五个等级相当于有5个刻度的标尺，可以将各种类型的数据量化，最后使用加总平均的方式求得单项指标的分值。该指标体系具有明确的实践指向，其中四级指标是要用数据来支撑的末端指标。

在应用价值层面，通过该评估体系的实施，可以掌握国家或地方的治理现状、发现问题、分析原因、提出对策，有利于提升治理水平。同样，也可以通过评估对31个省(区、市)的治理水平进行评比或排序，在省(区、市)范围内可以对不同市(州)、县(区)的治理水平进行评比或排序，在评估中找到差距，并有针对性地提出改善治理体系、增强治理能力、提升治理绩效的政策措施。

当然，本研究更多的是侧重于理论探讨。随着新时代中国特色社会主义事业的发展，在推进国家治理体系和治理能力现代化的实践中，人们对国家治理现代化的理解将进一步完善和深化，相应地，评估体系也必须与时俱进地作调整才具有参考价值。

杜志章

2022年7月1日

目 录

第一章

治理理论与实践

党的十八届三中全会首次把推进国家治理体系和治理能力现代化上升为国家战略，把“完善和发展中国特色社会主义制度，推进国家治理体系和治理能力现代化”作为全面深化改革的总目标。党的十九大报告进一步强调，必须坚持和完善中国特色社会主义制度，不断推进国家治理体系和治理能力现代化，坚决破除一切不合时宜的思想观念和体制机制弊端，突破利益固化的藩篱，吸收人类文明有益成果，构建系统完备、科学规范、运行有效的制度体系，充分发挥我国社会主义制度优越性。党的十九届三中全会通过了《深化党和国家机构改革方案》，从中央到地方开启了新一轮党和国家机构改革，使中国的制度和治理体系更加完善。党的十九届四中全会通过了《中共中央关于坚持和完善中国特色社会主义制度　推进国家治理体系和治理能力现代化若干重大问题的决定》，进一步明确了推进国家治理现代化的时间表和路线图。可见，推进国家治理体系和治理能力现代化已成为新时代中国共产党和中国人民的重要任务和重要使命。那么，究竟什么是国家治理？何谓国家治理现代化？如何评估国家治理现代化？要回答这些问题，有必要从对治理概念、治理理论与治理实践的探讨入手。

一、治理

中国很早就有“治理”一词，有治国理政、整顿、整治、整理之义，如“明分职，序事业，材技官能，莫不治理，则公道达而私门塞矣，公义明而私事息矣”(《荀子·君道》)；“一切治理，威名远闻”(《汉书·赵广汉传》)；“黄河治理”等。“治理”的英文“governance”源自13世纪晚期的法语词“gouvernance”，其含义是管理、控制、统治某个事物或某个实体(包括国家)的行为和方式。[①] 而西方现代意义上的“治理”的任务虽然也是公共空间或公共事务的管理，但其所蕴含的价值和理念却与中国传统的“治理”和西方传统的“governance”都有所不同。

（一）治理概念

现代意义上的“治理”(governance)一词最早出现在1989年世界银行(WB)分析非洲经济社会的一份报告——《撒哈拉以南非洲：从危机到可持续增长》(*From Crisis to Sustainable Growth—Sub Saharan Africa*：*A Long-term Perspective Study*)中。世界银行在描述当时非洲的情形时，首次使用了“治理危机”(crisis in governance)一词，此后治理便被广泛运用于政治发展的研究之中，特别是用来描述后殖民地和发展中国家的政治状况。

---

① 王绍光.治理研究：正本清源[J].开放时代，2018(2)：153-176.

例如，世界银行 1992 年年度报告就是《治理与发展》(*Governance and Development*)，经济合作与发展组织(OECD，简称经合组织)在 1996 年发布了一篇名为《促进参与式发展和善治的项目评估》(*Evaluation of Programmes Promoting Participatory Development and Good Governance*)的文章；联合国开发计划署(UNDP)1996 年的一份年度报告为《人类可持续发展的治理、管理的发展和治理的分工》(*Governance for Sustainable Human Development, Management Development and Governance Division*)；联合国教科文组织(UNESCO)在 1997 年发布了一篇名为《治理与联合国教科文组织》(*Governance and UNESCO*)的文章；《国际社会科学杂志》1998 年第 3 期出了一个名为"治理"(*Governance*)的专号；联合国有关机构还成立了一个"全球治理委员会"(The Commission on Global Governance)，并出版了一份《全球治理》(*Global Governance*)的杂志。世界银行、经合组织、联合国开发计划署、联合国教科文组织等多边国际组织的世界影响力及其对治理的高度重视，使治理概念很快引起了学界的广泛关注。西方政治学家、社会学家、公共管理学家纷纷在其研究中广泛使用"治理"并不断赋予其新的内涵，治理理论也被广泛运用于其他领域而且很快流行起来成为一门显学。正如鲍勃·杰索普(Bob Jessop)所说："过去 15 年来，它(治理)在许多语境中大行其道，以致成为一个可以指涉任何事务或毫无意义的时髦词语。"①

(二) 治理的界定

20 世纪 90 年代以来，西方学者对"治理"概念作出了多种界

① 俞可平. 治理与善治[M]. 北京：社会科学文献出版社，2000：55.

定，具有代表性的主要有如下几种。

治理理论主要创始人之一美国学者詹姆斯·罗西瑙(James N. Rosenau)在其代表作《没有政府的治理》和《21世纪的治理》等文章中将治理定义为一系列活动领域里没有得到正式授权却能有效发挥作用的管理机制。这些管理活动的主体不一定是政府，也无须依靠国家强制力。罗西瑙指出，治理是不同主体为了一个共同的目标或利益，在没有外来强制的情况下，自觉按照约定的规则进行共同行动。治理的主体除了政府外还包括非政府机构与行业组织，而且这些机构和组织都在一个潜在的规则下履行各自的职责，不存在谁领导谁的关系，相应的政府权力趋于减少。罗西瑙还分析了社会民众观念的转变与社会治理之间的关系，认为政治的进程取决于集体的决策和行为，同样也取决于其组成部分的个体的才智与态度。①

英国南安普顿大学教授罗伯特·罗茨(R. A. W. Rhodes)认为治理是政府、非营利组织和私人部门围绕公共产品和公共服务的提供而形成的一种相互依赖的合作关系，它意味着政府与非政府组织之间边界的消失，意味着政府的角色发生了相当大的转变。政府与非政府组织的关系从传统的统治或管理向网络化治理转变。作为网络中的一员，政府与非政府组织是合作与伙伴关系，因此治理是以信任为基础，运用外交的手段，最终实现互惠的结果的过程，信任、互动和互惠是治理的三个显著特征。罗茨还列举了治理的6个方面的定义：①作为国家管理活动最少的治理，它是指国家削减公共开支，以最小的成本取得最大的效益；②作为公司管理的治理，它是指导、控制和监督企业运行的组织体制；③作为新公

① 詹姆斯·罗西瑙. 没有政府的治理[M]. 张胜军，刘小林，等译. 南昌：江西人民出版社，2001：4-5.

共管理的治理,它指的是将市场的激励机制和私人部门的管理手段列入政府的公共服务;④作为善治的治理,它指的是强调效率、法治、责任的公共服务体系;⑤作为社会——控制体系的治理,它指的是政府与民间、公共部门与私人部门之间的合作互动;⑥作为自组织网络的治理,它指的是建立在信任与互利基础上的社会网络。[①]

库伊曼(J. Kooiman)和范·弗利埃特(M. Van Vliet)在《治理与公共管理》中指出,治理所要创造的结构或秩序不能由外部强加;它要依靠多种进行统治的以及互相发生影响的行为者的互动来发挥作用。1999年英国学者格里·斯托克(Gerry Stoker)等对各种治理概念进行梳理并概括为5种主要观点:①治理是指一系列来自政府但又不限于政府的社会公共机构和行为者的复杂体系,政府不是国家唯一的权力中心,各种公共机构或私人机构都可以成为各个不同层面上的权力中心;②治理意味着在为社会和经济问题寻求解决方案的过程中,存在着界限和责任方面的模糊性;③治理意味着在涉及集体行为的各个社会公共机构之间存在着权力依赖;④治理意味着参与者最终将形成一个自主的网络;⑤治理意味着办好事情的能力并不仅限于政府的权力、政府的发号施令或运用权威。在公共事务的管理中,还存在着其他的管理方法和技术,政府有责任使用这些新的方法和技术来更好地对公共事务进行控制和引导。[②]

全球治理委员会在1995年发表了一份《我们的全球伙伴关系》的研究报告,对治理作出了比较具有代表性和权威性的界定——治理是各种公共的或私人的个人和机构管理其共同事务的

---

① 俞可平.治理与善治[M].北京:社会科学文献出版社,2000:86-96.

② 格里·斯托克,华夏风.作为理论的治理:五个论点[J].国际社会科学杂志.1999(1):19-30.

诸多方式的总和。它有四个特征：治理不是一整套规则，也不是一种活动，而是一个过程；治理过程的基础不是控制，而是协调；治理涉及公共部门，也包括私人部门；治理不是一种正式的制度，而是持续的互动。

二、治理理论

20世纪末至21世纪初是“治理”研究的爆发期。据华中科技大学国家治理研究院特聘研究员王绍光教授介绍，20世纪50至80年代所有领域涉及治理的论文仅718篇。1990年以后，治理研究开始了爆发性增长。仅20世纪90年代十年间就有2318篇论文涉及治理；21世纪以来头一个十年，这方面的论文已经达到12000多篇；21世纪第二个十年的头七年多达17000多篇。[①]

（一）治理理论兴起的背景

西方政治学家和管理学家之所以提出治理概念，主张用治理代替统治和管理，使得这一概念迅速获得各学科领域学者的认同和追捧，主要有如下几个方面的背景。

在实践层面，20世纪后期西方普遍出现了政府和市场“双重失灵”的困境。一方面，西方福利国家出现管理危机。第二次世界大战之后欧美“福利国家制度”盛行，政府被看作公民的“超级保姆”，其职能扩张、机构臃肿、包办一切、效率低下，福利消费支出巨

① 王绍光. 治理研究：正本清源[J]. 开放时代，2018(2)：153-176.

大，导致20世纪80年代以后各国政府普遍面临严重的财政危机；而拉美、阿拉伯国家以及撒哈拉以南的非洲国家等发展中国家20世纪80年代以后的经济衰退，也暴露出政府管理的方式不当、能力不足等问题。这就是所谓的“政府失灵”。[①] 另一方面，市场机制在提高资源配置效率方面发挥着重要作用，但同时也造成垄断、负外部性、社会不公等一系列社会问题，频繁带来经济危机，这便是所谓的“市场失灵”。治理理论被认为是解决政府和市场双重失灵的有效办法，正如杰索普在《治理的兴起及其失败的风险：以经济发展为例的论述》中提到“愈来愈多的人热衷于以治理机制对付市场和国家协调的失败”。杰索普也正是在这本书中提出治理可以在一定程度上弥补市场和国家的不足，但治理同样存在着局限，它不能代替国家享有合法政治暴力，也不能代替市场自发地对资源进行有效配置。与此同时，随着西方民主的不断发展，社会力量、社会组织也不断壮大，对政府的“全能”和“权威”提出了挑战；在国际社会中，随着全球化的不断发展，商品、资金、技术、信息甚至人口大规模跨越国界流动，出现了跨国犯罪、科技风险、环境破坏等一系列全球性问题，很多问题仅凭一国之力或仅凭政府的力量是不能解决的，这也要求调整国家（政府）的角色。在此背景下，治理理论作为政府与社会力量相互合作、共同管理的理念登上了历史舞台。

在理论层面，社会科学研究长期以来存在着二元对立思维。比如，政府干预失败就寻求市场调节，市场失灵就诉诸政府干预。事实上，政府和市场不是绝对二元对立的，科学研究中的很多范式

---

① 参考著作：欧康纳（James O' Connor）的《国家的财政危机》（1973）；哈贝马斯（Jürgen Habermas）的《合法性危机》（1973）；亨廷顿（Samuel P. Huntington）的《民主的危机：有关民主政体可统治性报告》（1975）。

也不是泾渭分明的。20世纪70—80年代，二元对立范式已不能很好地解释现实生活中的复杂现象，也不能有效解决复杂多变的现实问题，社会科学陷入“二元对立”的范式危机。传统社会科学赖以建立的两大理论基础——威尔逊和古德诺的政治行政相分离的行政理念以及马克斯·韦伯的官僚理论，都无法回答和解决政府所面对的财政危机、管理危机和信任危机等困境。[①] 近年来学术界对此批评迭起，纷纷主张跨越和摆脱以往二元对立的传统观念的束缚，需要有一种强调复杂性分析、多因素综合、多方面协调的新理论范式来弥补传统社会科学二元对立范式的不足，从而赋予理论界新的认识能力、分析能力和解决问题的能力。当代西方治理理论，由于其既可用来批判二分法，又可补充其不足，被视为二元对立思维范式中所缺失的“第三项”，因而在学术界展示出其旺盛的生命力。

（二）治理理论的核心观点

在当代西方学术界与管理实践当中，大量学者围绕政府职能和权威进行研讨，主张政府权力下放或权力分散，甚至有人提出“更多的治理，更少的统治”(More Governance，Less Government)的口号。被誉为公共管理领域治理理论奠基人的克利夫兰(Harlan Cleveland)在《未来的执行官》(*The Future Executive：A Guide for Tomorrow's Manager*)中，主张把垂直的金字塔式的组织方式改变为扁平式的组织方式，使管理更具有和议性、共识

① 周志忍. 当代国外行政改革比较研究[M]. 北京：国家行政学院出版社，1999：12-17.

性、协商性。[①] 詹姆斯·罗西瑙在《没有政府的治理》中指出,"治理既包括政府机制,也包括非正式、非政府的机制"[②]。伯耶尔(William W. Boyer)在《政治学与二十一世纪:从政治到治理》(*Political Science and the 21st Century:From Government to Governance*)中指出,"我们正在超越政府管治,迈向治理""在政府的所作所为之外,还要加上政府与非政府合作伙伴在管理国家事务过程中的互动,亦即它们在经济与公共政策中的层层关系"。[③] 该文提出了治理改革的基本方向是私有化、市场化、自由化、政府角色最小化等,是新自由主义治理理念的集中体现。还有一些学者主张多主体、网络化治理。例如,鲍威尔(Woody Powell)在《既非市场又非层级制:网络式组织》(*Neither Markets Nor Hierarchy:Network Forms of Organization*)中提出了网络式组织,成为网络治理理论的奠基人。[④] 英国政治学者罗伯特·罗茨在《政策网络:英国的视角》(*Policy Networks:A British Perspective*)中提出了"政策网络"的新治理概念,即所谓"没有政府的管理"。[⑤] 格里·斯托克等在《作为理论的治理:五个论点》也指出"治理是指行为体网络的自主自治"。[⑥] 此外,还有学者提出了治理的多中心主义。例如,埃莉诺·奥斯特罗姆(Elinor Ostrom)在《公共事务的治理之道:集体行动制度的演进》

---

① Cleveland H. The Future Executive:A Guide for Tomorrow's Manager,New York:Harper & Row,1972.

② 詹姆斯·罗西瑙.没有政府的治理[M].张胜军,刘小林,等译.南昌:江西人民出版社,2001.

③ Boyer W. Political Science and the 21st Century:From Government to Governance. Political Science & Politics,1990(1):50-54.

④ Powell W. Neither Markets Nor Hierarchy:Network Forms of Organization[J]. Research in Organizational Behavior,1990(12):295-336.

⑤ Rhodes R A W. Policy Networks:A British Perspective[J]. Journal of Theoretical Politics,1990(3):293-317.

⑥ 格里·斯托克,华夏风.作为理论的治理:五个论点[J].国际社会科学杂志.1999(1):19-30.

(*Governing the Commons: The Evolution of Institutions for Collective Action*)中提出了“多中心治理”概念,认为“多中心治理意味着政府、市场的共同参与和多种治理手段的应用,这些应用能发挥更为有效的对公共资源的配置作用”。[①] 概括说来,西方现代治理理论的核心观点主要是:管理主体从传统一元主体向多元主体转变;政府职能从传统的全能政府走向有限政府;国家与社会的关系由强制、对抗走向协商、合作;要求政府更加突出其透明性、责任性、回应性及有效性等特征。[②]

(三)治理理论在西方的发展

治理理论在西方兴起以来,经过不断发展,形成了民主治理、公民治理、多中心治理、整体性治理、数字治理等多种治理模式。治理理论被广泛运用于公司治理、城市治理、环境治理、社区治理、贫困治理,甚至全球治理等领域,现作简要阐述。

1. 民主治理

民主治理是西方国家治理的核心理念之一。西方政治学界普遍认为,一个社会在公正、平等、参与的态度下获取民主治理这种发展动力所需的知识技能和政治水平比这种发展动力本身所达到的水平更重要。民主治理体系通常包括负责与透明的公共机构、提供和平解决纠纷的司法系统、保护所有人权利的法治、在政治决策中真正的大众参与或者这些参与可能采取的形式等。

---

① 埃莉诺·奥斯特罗姆.公共事务的治理之道:集体行动制度的演进[M].上海:上海三联书店,2000.

② 王春,曲燕.治理理论及国内外实践综述[J].学理论,2013(9):126-129.

2. 公民治理

20世纪90年代后期，公民治理理论在美国兴起。公民治理倡导以“公民为中心”，认为“公民治理不仅仅是关于个体的代表权，它还包括公众在决策制定论坛提出利益诉求和参与公共服务的供给”。理查德·C.博克斯(Richard C. Box)提出了公民治理四原则：规模原则、民主原则、责任原则、理性原则，全面地规定了社区公民治理的基本主张。

3. 多中心治理

多中心治理理论源起于计划经济与市场经济之争，而后逐渐由经济领域渗透到政治与公共管理领域。多中心治理理论强调在管理过程中各参与主体之间的互动过程以及治理规则与形态。多中心治理理论与当代西方文化领域的多元文化、政治领域的多头政体，以及经济领域的混合经济结构等当代西方一些主要的政治、经济、文化潮流联系在一起。

4. 整体性治理

整体性治理是针对碎片化治理带来的一系列问题而产生的，其主要思想是重新整合，包括逆部门化和逆碎片化、大部门式治理、重新政府化、恢复或重新加强中央过程、极力压缩行政成本、重塑服务供应链、集中采购和专业化、以“混合经济模式”为基础共享服务以及网络简化等。整体性治理理念在西方一些发达国家的政府改革中得以成功实践。例如，英国的协同政府改革很好地解决了英国政府“空心化”的局面，如今在英国的国家健康服务等公共服务中，协同、协调、整合的方法得到了普遍使用，消除了公共服务碎片化的弊端。

5. 数字治理

信息技术的发展使得“数字治理”成为可能，从而极大地优化了政府管理。比如，信息技术的运用，可以打破原来的单一中心，形成多中心治理的局面；也正是因为信息技术，多中心的治理主体之间得以形成网络模式，在没有增加层级的情况下实现了国家治理结构的扁平化。又如，公共资源的共享、治理方式多样化等，在信息技术的支撑下都比以往处理得更加高效，不仅花费更少的成本，而且产出更多的产品。

三、治理实践

在实践上，“治理”较早出现在“教育”领域，20 世纪 70 年代出现了“城市治理”，80—90 年代较多地用于“公司治理”，90 年代以后成为“公共管理”领域的核心概念，进入 21 世纪，“治理”的应用几乎泛化到所有领域，成为各学科的时髦术语。不过，“治理”的本来意义在于克服传统的政府统治或管理的危机，因此应从这个意义上来理解治理理论在实践中的运用。世界银行较早推广治理理念，率先把国际发展援助议题纳入治理计划之中，把发展中国家的治理改善作为提供资金支持、援助的条件。对于腐败严重、国家干预严重的发展中国家，世界银行便寻求一种能够跨越国家政府的新的方式来对发展中国家进行援助。[①] 西方福利国家为应对福利危机也推动了治理理论走向实践，强调福利不仅仅是政府的责任，市场、社会和家庭都需要承担相应责任，主张政府、市场、社会非营利组织和家庭之间展开合作，以网络化的合作作为主要机制，实现共同治理。[②] 例如，深受自由主义影响的英国为应对福利危机和处理中央和地方的关系，提出了一种在地方自治和公共服务方面既不是完全自由又不具有强烈的国家干预色彩的"第三条道路"。在全球治理方面，为应对全球气候变化、世界性经济危机、资源能源安全、网络信息安全、跨国犯罪、国际恐怖主义、重大传染性疾病等超越国界也超出一国能力的全球性问题，要求世界各国通力合作、协同应对。1992 年，在德国前总理勃兰特(Willy Brandt)的倡议下，瑞典前首相英瓦尔·卡尔松(Ingvar Carlsson)等知名人士发起成立了全球治理委员会，并且于 1995 年发表了题为 *Our Global Neighborhood*(《我们的全球之家》)的行动纲领。1999 年，全球治理委员会又发表了一份关于通过完善社会和改善经济管理来加强全球治理的报告。2000 年，联合国秘书长在千年首脑会议上再一次强调了全球治理问题。进入 21 世纪，全球治理问题被引入政治学、经济学、管理学等各个学科，推进了全球治理理论的发展，也推动了应对人类共同面临的挑战和解决问题的实践。现列举以下三个方面的治理实践。

（一）福利治理的兴起：对福利国家危机的反思

福利治理是随着福利国家危机的发生而发展的，是"去福利国

---

① 让-皮埃尔·戈丹. 何谓治理[M]. 钟震宇，译. 北京：社会科学文献出版社，2010:47.
② 王浦劬. 国家治理现代化：理论与策论[M]. 北京：人民出版社，2016:475.

家的一个环节”。第二次世界大战后，得益于经济持续快速增长，部分西方资本主义国家纷纷建立了基于公民权、“贝弗里奇-凯恩斯干预主义”式的福利国家。以北欧高福利国家为典型代表，基于公民社会权利，政府以普遍主义为原则，向其公民提供统一、均等、“从摇篮到坟墓”的高水平社会福利，政府担任“保姆式政府”或“家长式政府”的角色。由于福利水平太高，人们失去了奋斗的动力，经济发展放缓；而福利消费却不断增长，其速度甚至超过了经济增长速度。由于政府负担过重，高水平福利难以为继，自20世纪70—80年代后，多数福利国家都面临着前所未有的危机。为解决福利国家危机，福利治理理论应运而生。洛桑大学政治社会学教授弗朗索瓦-格扎维尔·梅里安(François-Xavier Merrien)认为福利国家危机反映的是治理问题。他认为，福利治理中，福利服务的供给主体不仅仅是政府，还可以是其他私人企业或社会组织，各种组织机构只要福利供给服务的资质得到公民认可，都可以成为不同层面的福利供给主体。福利国家中，愈来愈多的人提出利用治理机制来应对国家和市场的失败，对福利供给加以某种程度的“公民的”或“社会的”市场化和去管制化，通过政府与市场、社会与家庭的共同参与、共同担责、协同合作来解决福利国家危机。在西方，福利治理同时得到了保守社群主义、左派“第三条道路”和福利多元主义的支持，三者都认为个人和社会都应与政府一起承担社会福利责任，共同应对社会经济和社会风险方面的挑战。保守社群主义者通过强化个人道德、建构社区网络，增强社群组织在社会福利领域的作用，谋求重建社会的共同基础，避免福利供给过度市场化，导致更多的社会不平等。同时，保守社群主义者认为政府不应过度干预社群生活，但应该提供经济补助、营造有利于分散福利和公共服务的法律环境，谨慎但主动地帮助社区发挥作用。“第三条道路”的社会福利改革核心是强调公民的社会责任，修正“有责任的国家，无义务的个人”的国家、社会与公民个人的关系，强调以“工作第一”的原则取代“福利第一”的人道原则。福利多元主义主张福利的目标、筹资和提供由多部门共同负责，鼓励多元部门和多个主体共同参与社会福利的供给，并将政府提供的大部分社会福利功能转向家庭、非正式的商业组织和志愿组织，一定程度上给政府减负。概括而言，福利治理作为应对福利国家危机的方式，主张政府职责重新定位，打破了传统福利以政府作为唯一治理主体的狭隘思维，是对传统福利国家理念的冲击。福利治理强调福利不仅仅是政府的责任，市场、社会和家庭都需要承担相应的责任，但是，政府仍然是社会福利供给的主要机构，是社会福利的第一责任人。在责任承担机制方面，福利治理超越了单一的政府机制、市场机制和社会机制的理论，主张政府、市场、社会非营利组织和家庭之间展开合作，以网络化的合作作为主要机制，实现共同治理。

（二）公司治理

公司治理的提出首先是从英国开始的。20 世纪 80 年代，英国不少著名公司相继倒闭，引发了英国对公司治理问题的讨论，由此产生了一系列委员会来制定最佳公司治理原则。英国财政报告委员会、伦敦证券交易所联合成立的公司治理原则委员会于 1992 年 12 月发表了关于公司财务治理的报告，即《卡德伯利报告》，这一报告所提出的董事会的最佳行为准则，也是第一个公司治理原则。随后，发达国家纷纷开始推进公司治理改革，使得公司治理成为一场国际运动。1997 年 9 月，美国改善公共政策公司首席执行官联合会的商业圆桌会议发表《公司治理结构声明》，该声明强调，

“完善的公司治理结构的本质比它的形式更加重要，一系列规则的采纳和任何特殊的政策实践原则都不能替代公司的治理结构，也不可能确保会实现完善的公司治理结构”。同时，《公司治理结构声明》指出，“公司治理结构不是抽象的目标，而是在股东、董事会成员和管理团队在最有效地追求公司的运行目标的过程中为公司追求它的目标提供的一套结构”。从1992年到1998年，一些发达国家都制定了相应的公司治理结构原则和指导方针。1999年5月OECD发布了《公司治理结构原则》，并成立了一个专门的委员会，对OECD成员国的公司治理结构进行系统的调查，并在欧洲境内的7个国家率先进行治理结构的改革，同时，OECD为了在全球推行上述治理原则，每年在亚洲、拉丁美洲、俄罗斯召开公司治理圆桌会议，就公司治理原则在各国和地区的应用等问题展开对话。1999年，世界银行与OECD合作举办了“全球公司治理论坛”，以推进发展中国家的公司治理改革。西方国家对公司治理问题的研究与公司治理实践是紧密结合的。各国不仅颁布了适合本国经济制度、政治制度、法律、资本市场及人文环境的公司治理原则，一些大公司也在积极从事公司治理原则的制定和实践，极大地提高了公司的国际竞争力并促进了本国经济的繁荣。自20世纪90年代以来，由于经济的日益全球化公司治理问题越来越受到世界各国的重视，形成了一个公司治理运动的浪潮。亚洲金融危机产生以后，许多专家学者认为其中引发危机的重要因素之一就是这些国家的公司治理存在缺陷，公司治理更是成为全球关注的热点。各国证券监管部门、交易所及国际机构纷纷加入推动全球公司治理运动的行列，推出了各种有关公司治理的原则、指引、最佳行为准则等。

（三）全球治理

作为一种理论，治理是对传统政治学所体现的国家统治理念的超越，当人们将治理的分析框架应用于国际层面时，全球治理理论便应运而生。冷战结束后，国家之间的相互依赖大大增强，全球化进程飞速发展，全球范围内的政治结构、生产方式都发生了巨大而深刻的变化，大量全球性公共问题相伴而生。这些全球性问题涉及政治、经济、社会安全与稳定，以及生态环境保护等众多领域，明显超出了民族国家治理能力的范围，以国家为主体的传统国际体系受到严峻挑战。这些变化同时还引起了人类价值观念的深刻转变，呼唤世界政治范式的转换，要求人类政治过程的重心从统治走向治理，从善政走向善治，从单一政府的统治走向多主体的治理，从民族国家的政府统治走向全人类联合的全球治理。它是世界政治发展的客观必然，反映了当代国际政治发展到全球政治新阶段在政治结构、政治主体与管理方式上的新变化、新特点。虽然在全球政治领域，与“全球治理”类似的概念很多，如“世界政治的治理”“国际治理”“世界范围的治理”“国际秩序的治理”“全球秩序的治理”等，但是相比较而言，“全球治理”概念最能准确地反映当今全球政治发展的客观现实与发展趋势。作为一种具有丰富内涵的崭新理论，全球治理是20世纪90年代才兴起的。一经出现，它就在国际学术界和各种国际组织及政治领域中被广泛使用。如前所述，在前社会民主党国际主席、德国前总理勃兰特的倡议下，瑞典前首相英瓦尔·卡尔松等国际知名人士鉴于联合国在一年海湾战争中所树立的威望，于1992年发起成立了全球治理委员会，并且在联合国成立五十周年之际发表了题为《我们的全球之家》的行动纲领，目前该报告已经被翻译成多种语言在世界范围内广泛传播。1999年该委员会又发表了一份报告，进一步阐述改善世界经济管理对于全球治理的重要意义。在2000年联合国千年首脑会议的秘书长报告中更是全面阐述了全球治理问题。此后，全球治理成为各国学者关注的焦点和学术热点，政治学、经济学和管理学等学科纷纷引入"全球治理"概念，用治理的理念发展和完善各自的学科理论。全球治理既是实践，又是理论。虽然全球治理的理论还很不成熟，在一些重大问题上仍存在很大的争议，但是这一理论顺应了世界历史发展的内在要求，有利于在全球化时代确立国际政治经济新秩序，对人类共同面临的国际社会问题的解决有着十分积极的意义。

第二章

善治与治理评估

有治理，就有治理评估。自20世纪90年代治理理论的兴起，便有了相应的治理评估体系，较早的且应用广泛的治理评估体系是1996年由世界银行制定的“全球治理指数”（worldwide governance indications，WGI）。随着治理理论的全球化和普及化，出现了各种类型的评估指标体系，涵盖全球治理、国家治理、区域或城市治理、社会治理、行业治理、企业（公司）治理等，数量多达数百种。因各种治理评估体系天然地蕴含其评估主体的价值倾向，尽管“善治”（good governance）是所有评估体系的追求，但每一个评估体系都是由评估主体以其自身的价值观为尺度，以其预设的目标为标准，并得出有利于其自身利益的评估结论和改善治理的建议。因为“善”是价值判断，“善”的标准因价值主体不同而不尽相同。

一、善治及善治理论

（一）善治概念

开展治理评估需要有科学的评估标准作为依据，为此不少学者和国际组织纷纷提出了“原治理”“健全的治理”“有效的治理”“善治”等概念。其中，“善治”最具影响力，是世界各国普遍认可的治理评估依据。例如，OECD商业顾问委员会在2002年12月的一份报告中提到，良好的治理水平是吸引外国直接投资的最重要因素；有良好的治理，不需要其他的手段去吸引国内外直接投资。[①] 第二次世界大战以后，OECD成员国政府及其国内或多边援助机构加大了对落后国家或地区的投资，致力于推动其经济社会发展，包括消除贫困、提高生活水平等。起初，它们对投资的对象以及投资绩效并未关注太多，但20世纪80—90年代由于在那些落后国家或地区发展政策改革的失败让那些投资者意识到，低劣的治理水平是导致投资失败的根源。因而，自1996年之后，发达国家、国际组织或多边援助机构不再无视被投资国的治理水平和体制，而是通过一套治理指标去甄别和奖励那些治理质量得到改善的发展中国家。从此以后，治理评估成为国际投资、贷款或援助的重要前提，于是各种世界性的治理评估体系应运而生。

① 周红云：《国际治理评估体系综述》，转引自俞可平主编的《国家治理评估——中国与世界》，中央编译出版社2009年版，第65页。

在治理理论全球化达到一定程度之后，又有了治理理论本土化（民族化）的趋势。大多数西方发达国家、国际组织或多边性国际机构是站在投资者立场制定并实施治理评估体系的，往往带有投资者自身的政治立场、价值取向并极力维护其核心利益。这些来自外部的评估往往得不到被评估国家和地区的认可和配合，评估结论也不能反映真实情况。此外，为便于推广，这些由西方发达国家主导的治理评估体系往往追求普遍适用性。但由于不同国家和地区的历史文化传统、政治制度、经济社会发展水平存在很大差异，一个标准难以在不同地区普遍适用。由于评估结果（当地治理水平）对于落后国家和地区吸引外资和争取援助的意义重大，因此这些国家和地区也着力引进治理理论，在治理评估体系的引导下努力提升治理水平，并尝试制定适合本国或本地区实际的治理评估体系。这个过程就是治理评估理论本土化的过程。

治理评估理论的核心问题是依据什么标准评估，即评估指标的问题。“善治”是各种治理评估的普遍追求，然而何谓“善治”？不同的评估主体有不同的理解和表述。世界银行1992年在题为“治理与发展”的报告中首次提出了公共部门管理、问责、法制、信息透明等善治标准。[①] 联合国开发计划署（UNDP）认为“善治尤其重要的是参与、透明和负责任。善治也包括效率、公平和法治。善治确保政治、社会和经济的优先发展是建立在一个社会的广泛共识基础上的，而且确保一个社会在作出资源分配的决策过程中最穷和最弱势人群的声音被听见。”欧盟委员会（EC）认为“善治就是为一个国家的公平、可持续的经济和社会发展而对一国所有资源进行透明和负责任的管理。它涵盖人权、民主化、法治、社会的强

① World Bank. Governance and Development[R]. Washington, D. C. : World Bank, 1992.

大、公共管理改革等五个方面的内容”[①]。以上是国际组织或多边国际机构关于善治的理解，不同国家对善治的理解也有所不同。例如，在澳大利亚，善治就是对一个国家的资源和事务以一种开放、透明、负责、公平和回应人民需要的方式进行有效的管理；在加拿大，善治就是各层级政府施行权力的有效、诚实、公平、透明、负责任；在德国，加强善治意味着民主化、法治、采取反腐措施以及社会的参与；在美国，善治就是政府形成一个有效、负责任的公共管理过程的能力，这一公共管理过程是对公民参与开放的，是加强而不是弱化政府民主体制的。[②] 从上述善治标准可以看出，善治都强调权力或资源的合理配置，而且强调公平、透明、参与、负责任、法治等价值。这些价值很大一部分是体现人类共性的“全人类类共同价值”，属于“类文明”的范畴，也是各种治理评估体系普遍适用的价值标准。概括来说，所谓“善治”，就是使公共利益最大化的社会管理过程；善治的本质特征就在于它是政府与公民对公共生活的合作管理，是政治国家与社会的一种新颖关系，是两者的最佳状态。

（二）善治理论

治理理论的兴起，源于资本的国际流动。发达国家、国际组织或大型多边机构在世界范围内，特别是在贫困地区的投资、贷款或援助方面，都必须有一套资本使用和管理体系，还必须对投资绩效做出评估，于是就有了治理和治理评估。当治理理论在世界各地

---

① 俞可平.国家治理评估——中国与世界[M].北京：中央编译出版社，2009：71.

② 周红云：《国际治理评估体系综述》，转引自俞可平主编的《国家治理评估——中国与世界》，中央编译出版社 2009 年版，第 71-72 页。

各领域广泛运用之后，治理评估便成为新的投资者做投资预判的依据。治理评估是以善治理论为基础的。善治理论是回答什么是善治、为什么要追求善治、如何实现善治等问题的学说。善治理论是伴随治理理论的发展而发展的，善治理论自20世纪90年代以来迅速勃兴有如下深刻原因。

首先是全球化深入发展。在经济方面，全球化促使世界经济面貌发生重大变化，使民族国家难以控制本国境内具有全球影响的经济活动。这种经济活动一旦超越民族国家边界，突破传统的领土束缚，就动摇了人们对民族国家管理经济能力的信心。在全球范围内经济结构复杂性的增加，必然引发在不同空间中通过自组织协调来重建某种结构和秩序的努力，对治理的需求也就应运而生。在政治方面，全球化对传统的民族国家、国家主权、政府体制、政治过程和价值观念提出了巨大的挑战，极大地影响着人类的政治生活；随之而来的非政府组织、全球公民网络和公民运动等的作用与日俱增，治理和全球治理在全球化所需要的新公共权威与公共秩序创建中的作用更为突出。全球治理强调国际关系的公平、公正、民主，追求建立和发展一整套维护全人类安全、和平、发展、福利、平等与人权等价值的国际政治经济新秩序，这在客观上顺应了当今世界发展的内在要求。

其次是以社会组织为代表的社会力量日益壮大。社会力量是国家和市场之外所有民间组织或民间关系的总和，其组成要素是各种非国家或非政府所属的民间组织。社会组织有三个显著的特点：非官方性，即它们以民间形式出现，不代表政府或国家的立场；独立性，即它们在组织上和经济上都是独立的；自愿性，参加社会组织的成员都是自愿的，因此社会组织也是群众自愿性组织。

最后是善治本身的特点和优势。第一，善治比传统的善政适用范围更广,善政是相对于政府而言的;而很多政府不能干预的社团、公司、社区、国际社会等都需要善治;第二,当今处于全球化时代,多边或双边跨国组织影响日益增大,民族国家政府权威削弱,在需要公共权威和公共秩序的全球化时代,善治的作用日益增大;第三,善治是民主化进程的必由之路,民主化意味着部分政治权力从政府转移到社会,这与善治倾向于社会多主体管理是一致的。

关于"善治"的内涵,国际国内学者有诸多观点。其中,从世界银行的相关著作中就可以归纳出三个基本观点:公共行为不断增长的可视性,即公共政策更容易被所有公民接触到;通过技术和财政评估保证的可说明性;在援助计划执行过程中对管理能力的切实动员。世界银行尤其强调公共服务私有化的重要性、公私合作伙伴关系的重要性,强调对能够传承和推广治理理念的新的精英进行培训和支持。世界银行还参加了2002年在蒙特雷举办的由联合国组织的关于发展融资的国际会议,其善治观点再次得到了丰富,增加了"每个国家都对其自身发展负责"的理念,也就是"蒙特雷共识":自我援助为主,国际基金为补充。2002年,法国出版了一本名为《全新的治理》(*The New Governance: Governing without Government*)的著作,所谓全新的治理具有三个要素:首先,国家重视地方项目优先性评价;其次,在效率方面强调更大的政治责任感;最后,所有公民对公共政策更好的认知。这和世界银行所推崇的治理理念基本一致。玛丽-克劳德·斯莫茨在《治理在国际关系中的正确运用》中提到,一位法国的银行家提出了善治的四个要素:保障公民安全,司法独立,法律治国;进行有效的行政管理;实行职责和责任制;具有政治透明性。俞可平在《治理与善治》中综合诸学者在善治问题上的观点,总结了善治的6个基本要素:①合法性,它指的是社会秩序和权威被自觉认可和服从的性质和状态；②透明性，它指的是信息的公开性；③责任性，它指的是人们应当对自己的行为负责；④法治，它指法律是公共政治管理的最高准则，任何政府官员和公民都必须依法行事，在法律面前人人平等；⑤回应，它指的是管理人员和管理机构需要对公民的要求作出及时和负责任的反应；⑥有效，它指的是管理的效率，一方面管理要合理，另一方面，要最大限度地降低管理成本。在各种治理评估指标中，世界银行"全球治理指数"所体现的善治原则具有一定的范式意义，影响着其他国际组织和研究机构对于善治的理解。多维润（Veerle van Doeveren）将世界银行、欧盟、经合组织、联合国等机构和海登（Hyden）、史密斯（Smith）、韦斯（Weiss）等学者的善治原则进行了对比分析，发现"问责""效能/效率""开放性/透明度""法治"是共识程度最高的原则，因而成为西方多数治理评估体系的核心指标。①

世界银行、国际货币基金组织之类的国际金融组织最先将善治思想直接运用于实际。世界银行在20世纪90年代中期掌握了治理的主题，同时还有国际机构、政府、协会以及大学研究网络等都参与了治理研究。当然，凭借雄厚的财力资源以及可以为援助发展提供的条件，世界银行在推动治理发展中起着主导作用，它是第一个重视治理研究的机构，并且一直保持着最大的影响力。在20世纪90年代，这些国际组织对善治进行了专门的理论研究，并把善治作为评估受援国现状的主要标准之一。之所以要使受援国符合善治的标准，是为了提高援助效益，确保受援国还贷的能力。要实现善治的目标，这些国际援助机构认为受援国必须引入自由主义的市场机制，并建立一套与之相适应的社会政治结构秩序。

① 吴畏.善治的三维定位[J].华中科技大学学报(社会科学版)，2015(2)：1-9.

二、基于善治的治理评估

(一)世界较有影响力的治理评估体系举要

在治理理论全球化的进程中,不同决策者出于不同的目的对不同的对象进行不同范围和不同内容的评估,于是出现了大量的治理评估体系。当前在中国,为了推进国家治理体系和治理能力现代化,必须不断优化治理体系,增强治理能力,提升治理水平。因此,对全球范围内各种治理评估体系进行综合研究,求同存异,辩证扬弃,推陈出新,从而为建构中国特色社会主义国家治理综合评估体系提供参考。

基于善治目标,世界银行、经合组织、联合国开发计划署等多边国际组织及西方发达国家自20世纪90年代起便制定了多种治理评估指标体系。到目前为止,世界上常用的治理评估体系多达数百种,单项指标达数千个。仅世界银行就有全球治理指数(worldwide governance indicators)、国家政策与制度评估(country policy and institutional assessment)、治理与反腐败诊断调查(governance and anti-corruption diagnostic survey)等多个世界性治理指标体系。影响较大的还有联合国开发计划署的民主治理评估体系(measuring democratic governance)、治理指标项目(governance indicators project, GIP)、人文治理指标(humance governance index),经合组织的人权与民主治理测评(measuring human rights and democratic governance),英国海外发展组织的世界治理评估(world governance assessment)等。此外,一些双边国际机构、国际民间组织或一些西方国家也根据各自的利益需要和价值取向制定了各种治理评估体系,如美国国际开发署的民主与治理评估框架(democracy and governance assessment framework)、英国国际发展部的国家治理评估(country governance assessment)、荷兰国际关系研究所的治理与腐败战略评估(strategic governance and corruption assessment)等。受国际组织和西方国家影响,进入21世纪,许多发展中国家也开始制定各种治理评估体系,对其自身及其内部各领域、各地方进行治理评估,如菲律宾、蒙古、马拉维等国。至此,治理及治理评估便成为一个全球性的现象。下面就5个全球性的具有重要国际影响力的评估体系作简单介绍。

1. 世界银行——全球治理指数(worldwide governance indicators,WGI)[①]

该指标体系是由世界银行主导的以促进世界范围治理为目标的全球数据调查项目,覆盖215个国家和地区在1996年、1998年、2000年、2002—2007年的数据。WGI包括6个维度的指标。

(1) 言论和问责(voice and accountability),指一个国家的公民能够在多大程度上有参与选择他们的政府、表达意见的自由,结社自由及传媒自由。

(2) 政治稳定和杜绝暴力、恐怖主义(political stability and absence of violence/terrorism),指政府被违宪行为或暴力手段,包括恐怖主义破坏的可能性。

---

① 俞可平.国家治理评估——中国与世界[M].北京:中央编译出版社,2009:119-152.

(3) 政府效能(government effectiveness),指公共服务的质量、提供社会服务的能力及其独立于政治压力的程度、政策制定的质量。

(4) 监管质量(regulatory quality),指政府是否有能力提供健全的政策和法规,促进私有部门的发展。

(5) 法治(rule of law),指代理者在多大程度上对社会规则有信心并遵守,包括合同的执行和财产权利、警察和法院,以及犯罪和暴力行为的可能性。

(6) 控制腐败(control of corruption),指公共权力在多大程度上被行使为谋取私利,包括各种大小、形式的腐败行为,以及精英和私有部门占有国家利益。

WGI 的数据来源十分广泛而可靠,主要是从世界范围内 32 个组织创建的 35 个独立数据源中提取的数百个反映治理变量的数据,通过“不可观测要素模型”的统计方法从那些个体量值中构建总体指标。这些总体指标是基础数据的加权平均数,其权重反映了个体数据来源的准确度。WGI 因其良好的设计及其稳定性受到研究者和实践者愈来愈多的关注,被认为是当前诸多治理评估体系中严谨度高、影响力大、使用面广的综合指标之一。当然,由于该指标由西方国家主导,难免带有西方的价值观念;又由于发达国家掌控着该指标的话语权,客观上是少数大国主导全球治理的事实。因此,可能造成评估结果的片面性与主观性。

2. 联合国开发计划署——治理指标项目(governance indicators project,GIP)[①]

该项目由设在挪威的联合国奥斯陆治理中心负责,通过联合

① 俞可平. 国家治理评估——中国与世界[M]. 北京:中央编译出版社,2009:87-104.

国开发计划署(UNDP)驻各国办事处，帮助各国建立一个符合本国发展计划的民主治理评估指标，旨在推动本国治理质量的实际改善和社会发展。GIP包括"参与、代表、责任、透明、回应、高效、平等"7个价值维度的指标，分别应用于议会发展、选举制度和过程、人权、司法、获取信息和接触媒体、分权和地方治理、公共管理改革和反腐败等7个领域。

(1) 议会发展(parliamentary development)：指在治理过程中加强代表机关的代表性、立法和监督能力的各种活动。所提出的问题有：代表性、立法、监督。

(2) 选举制度和过程(electoral systems and process)：包含了选举制度的设计、选举机构、选民登记、公民和选民教育，以及选举争论解决办法。所提出的问题有：选民登记、选民的个人成本、最终投票的选举者、候选人的性别构成、对选举过程的主观感受。

(3) 人权(human rights)：界定了权利所有者和义务承担者之间的关系。所提出的问题有：对穷人中各个权利群体进行识别，以评估它们主张人权的能力；区分责任群体，并评估它们遵守义务以及履行义务的能力；评估权利所有者和义务承担者之间的对话范围和性质。

(4) 司法(justice)：在司法领域治理上，存在"保护、意识、接近、判决、执行、监督"6种必备能力。所提出的问题有：法律保护、法律意识、法律接近、判决、执行、监督。

(5) 获取信息和接触媒体(access to information and the media)：体现穷人优先和对性别敏感的原则。所提出的问题有：在政治决策参与和公民权实现过程中，穷人和妇女需要获取什么信息；在国家和地方的不同背景下，怎样才能更好地将这些信息提供给他们；评估媒体是否以适当方式提供了这些信息。

(6) 分权和地方治理(decentralization and local governance):包括"分权、地方治理、城市与农村发展"。所提出的问题有:分权的范围和性质、代表性、监督、能力建设。

(7) 公共管理改革和反腐败(public administration reform and anti-corruption):包括"公务员改革、提升决策的效率和回应性、政府机构改革、改善税收和支出管理体系"四大领域。所提出的问题有:公务员改革、提升政策的效率和回应性、政府机构改革、加强公共税收与支出管理体系、反腐败。

GIP在价值方面充分考虑贫穷和性别因素,也充分考虑各利益相关方,例如政府决策者、媒体、议会、政党以及国家统计机构等在内的国家利益相关者,因而结果也更具说服力。该项目指标体系能够针对不同的国家采取不同的测量方法,具有一定的科学性,通过对各国进行民主治理的评估和测量,在一定程度上促进了所实施国家的民主治理,提升了国家的发展能力。当然,作为由西方国家主导的指标项目,其依旧不可避免地带有"西方色彩"。

3. 英国海外发展组织——世界治理评估[①](world governance assessment,WGA)

该项目是由英国海外发展组织(ODI)组织的一个致力于依靠全球协作来改善现有治理的评估和分析项目,该项目2000—2002年为第一阶段,也是试调查阶段,共调查了16个国家;2005—2007年为第二阶段,调查了10个国家。WGA评估的目的主要有三个方面:一是生成新的、系统的、有意义的数据,用以加强人们对治理如何影响一个国家发展的问题的理解;二是帮助一国或国际的政

① 俞可平.国家治理评估——中国与世界[M].北京:中央编译出版社,2009:201-226.

策制定者和非政府组织代表们认识如何提高治理的水平；三是帮助各国提高进行治理评估的能力和水平。WGA体现了“参与、公平、得体、责任、透明、效能”6个方面的价值原则（见表2-1）。

表2-1 WGA价值原则

价值原则	意义
参与	判断在何种程度上受影响的利益相关者能够有意识地参与政治进程
公平	判断在何种程度上规则对于社会上每一个个体都得到平等应用
得体	判断在何种程度上处理这些规则没有侮辱或危害民众
责任	判断在何种程度上政治行动者对他们的言论和行为向公众负责
透明	判断在何种程度上公众领域的规则是公开和明确的
效能	判断在何种程度上规则能更有效地利用稀少的资源，而不造成浪费或延误

WGA分别从“公民社会、政治领域、政府领域、官僚体系、经济领域、司法领域”6个领域各自所体现的6种价值的情况来设计评估指标，组成一个6×6的矩阵，矩阵中的每一个方格就是一个具体指标（见表2-2）。

表2-2 各领域WGA价值原则的体现

领域	参与	公平	得体	责任	透明	效能
公民社会	①结社自由	②非歧视的社会	③言论自由	④对政府规章的尊重	⑤新闻自由	⑥政策制定的考虑因素
政治领域	①立法的社会代表性	②政策反映公共偏好	③政权和公平竞争	④立法者对公众负责	⑤政党的透明	⑥立法的效能

续表

领域	参与	公平	得体	责任	透明	效能
政府领域	①内部的政府咨询	②适当的生活水准	③公民的个人安全	④安全部队服从文职政府	⑤政府信息公开	⑥行政机关的效能
官僚体系	①公务员塑造政策	②公务员的机会平等	③公务员尊重公民	④公务员责任制	⑤公务员决策的透明	⑥招募以功绩为基础
经济领域	①私营经济参与政策咨询	②规则适用的平等	③政府尊重私人财产权	④规范私营部门以保护工人	⑤国际贸易政策的透明	⑥免于腐败
司法领域	①冲突解决的非正式过程	②所有公民平等地获取司法服务	③将权力纳入国家行为中	④司法工作人员负责	⑤司法透明	⑥司法系统的效能

总的来说，WGA与众不同，它的独特之处在于它是从一个基于认知的角度来测量治理水平的指标体系，它是一个对国内“知情人士”的调查，这些受访者在国家层面的治理问题上都有丰富经验和专业知识。因此，这种调查经证明是可行的，成本相对较低，且可以产生有意义的结果。

4. 美国国际开发署——民主与治理评估框架（democracy and governance assessment framework，DGAF）[①]

该项目由美国国际开发署（USAID）制定，用以对美国的对外

① 俞可平.国家治理评估——中国与世界[M].北京：中央编译出版社，2009：227-242.

援助项目进行评估，指导决策主体做出援助决策，促进世界范围内的民主和善治。DGAF提出“民主与善治”相结合的价值原则，尽管民主并不必然导致善治，但民主与善治在一起却为安全、正义与经验发展提供了强有力的保证。因此，美国将同当地的、联邦的以及国际上的行动者寻求一致，共同致力于在威权国家扩大自由、支持民主的突破性进展，在脆弱国家为民主与稳定奠定基石。这便是美国主导的民主化运动的内涵，包括四个核心维度：法治、民主与责任治理的制度、政治自由与竞争、公民参与与辩论，这被称为“民主之维”，也是DGAF的构成要素。

(1) 法治：通过支持宪法与法律的改革、促进和保护人权、司法独立和司法改革、以及公平行政来促进法治，它是正义与人权的基础。

(2) 民主与责任治理的制度：通过支持反腐败项目、执行机构能力建设、加强立法程序与制度、安全部门改革、地方政府建设和分权化来加强民主责任治理的制度。

(3) 政治自由与竞争：通过支持民主性质的政党、经选举而上台的政府、独立的传媒机构以及社会组织来扩大政治自由与竞争。

(4) 公民参与与辩论：通过计划让非政府组织(特别是主张辩论性群体)、思想库、工会与独立媒体行动起来，使社会进入民主政治的进程。

DGAF既是一个民主与治理的评估框架，更是美国在全球范围内推进民主化运动的行动纲领，它有明确的路线图和完备的工具箱。DGAF是美国向世界进行价值贩卖的工具，虽然其中蕴含着一些“善治”的要素，但其根本是向外输出价值观。

5. 英国国际发展部——国家治理评估(country governance assessment,CGA)①

英国国际发展部(DFID)2006年出版白皮书《消除世界贫困：为穷人而治理》,强调治理是发展的中心,并确立了善治的三条标准:政府能力、责任性和回应性。基于此,DFID采用一种新的治理评价体系来监控治理,包括冲突与安全的原因分析。上升到国家层面,这一评估体系便是国家治理分析。该评估体系从政府能力、责任性、回应性三个维度设计指标。

(1) 政府能力:包括政治稳定和个人安全、经济和社会政策管理能力、政府效能和服务提供、收入汲取和公共财政管理、投资、贸易和私人部门发展的环境。

(2) 责任性:包括政治自由和权利、透明性和媒体、政治参与和制约、法治和正义、公民社会。

(3) 回应性:包括人权和公民自由、低收入者倾斜政策、不平等与歧视和性别平等、管制水平、腐败与整合。

国家治理分析的核心目标是对国家规划过程的内容进行综合的治理分析,从而致力于改进我们的战略与决策,其评估目的是采用治理评估体系来监控治理,改进英国国家战略与决策。该评估体系也可作为其他国家治理评估的参考,但各国的治理分析的具体范围与内容则必须视各国的情况而定。

① 俞可平.国家治理评估——中国与世界[M].北京:中央编译出版社,2009:262-274.

（二）对西方主导的治理评估体系的总体评价

西方主导的“善治”评估通常包含政府角色弱化、多主体化、多中心化等价值意蕴，其核心内容是权力和资源的合理、合法、有效的配置。基于上述价值尺度的治理有如下特征：在公共机构中由科层和市场转向网络和合作；在国内和国际领域渗入公民社会；国家的角色由干涉和控制转向掌舵和协调；国家活动相应地由法治和指挥转向谈判和外交；非国家机关进入政策过程中；强调地方自治；决策中增加公众参与；公共政策更加灵活、回应性增强，等等。

世界性的治理评估指标有如下优点：一是指标量化具体。那些影响力较大的评价体系都能够通过量化的指标反映其测量的主要价值或目标维度。二是适应面广。那些影响力较大的评价体系能够对不同的国家作出横向评价，从而反映不同国家在相关方面的差异。三是发布机构较权威。不论联合国开发计划署还是世界银行，都是相对独立的权威性国际机构，因而这些指标的国际认可度较高。又由于治理评估体系具有批判现实和引领未来的功能，上述各种治理评估体系在全球治理过程中也曾发挥过积极的作用：一是提高被评估国家的治理水平，有效预防或遏制腐败，改善投资环境，提升国际投资和国际援助的效益；二是在一定程度上改善被评估国家的民主、自由和人权状况；三是推动被评估国家的经济增长和社会发展，在一定程度上减少贫困，提高人们的生活水平；四是在世界范围内传播了治理理念，使“善治”逐步成为一种世界共识，“治理”和“治理评估”作为一种工具和方法，被一些非西方国家学习和借鉴。

但是，这些由西方发达国家主导的评价指标体系也存在一系列固有的缺点。一是价值导向以西方所谓的“普世价值”为核心，因此无论指标如何量化，本质上是反映西方价值标准的评价。二是评估内容侧重于人权、民主或政府绩效（如 OECD 的人权与民主治理评价、透明国际的腐败指数），并不是国家治理的综合评估。三是这些评估体系忽视了各国在历史、文化、体制、经济发展阶段的差异，片面强调民主和法治程度，用一把尺子测量世界。在评估的实施过程中很难得到被评估国家的配合，难以掌握可靠的数据，其评估结果受到严重怀疑。

第三章

治理理论在中国的兴起及其中国化

改革开放之后，在广泛借鉴人类文明积极成果的进程中，治理理论被引入中国。各种治理评估体系也在中国各领域被广泛借鉴，在很大程度上激发了中国的发展活力和治理水平。然而，因为西方治理理论和各种治理评估体系天然地蕴含西方价值倾向，有的甚至与中国社会主义核心价值观相冲突，因此中国既要广泛借鉴西方治理理论的积极因素，也必须结合中国的历史传统和现实国情做必要的价值转换和话语转换。

一、治理理论在中国的兴起和发展

治理理论产生于西方并很快风靡全球。因为中国的改革开放，治理理论在其全球化进程中自然也被引入中国。

（一）治理理论被引入中国

中国较早引入西方治理理论并倡导中国治理变革的主要是政治学和公共管理学领域的学者。1995年，刘军宁在《Governance：现代“治道”新概念》一文中将“Governance”翻译成“治道”，并将这一概念与诸如“政治”“管理”等相关概念区分开来。在他看来，“政治”“管理”等只涉及权力的使用，而“治道”则包括了权力的获得、组织、制约和使用等，是一个不受意识形态影响的技术性工具。作为较早介绍治理思想的中国学者，刘军宁还提出了“制度创新”和“制度环境”等概念，用来描述政治改革的必要性和具体内容。但他是在市场化改革背景下从政府与市场关系角度理解治理的，忽视了治理蕴含的政府与社会之间的互动关系。1997年，徐勇教授将“Governance”译为“治理”，阐述了治理中“社会互动”的内涵。1998年，毛寿龙、李梅、陈幽泓在《西方政府的治道变革》一文中沿用了“治道”概念，赞同“人类社会的发展不仅要求缩小政府的规模，而且需要根据市场机制来重塑政府”的观点，他们认为政府不仅应该促进经济的发展，而且自身的性质还应根据市场的观念重新定义。1999年，《国外社会科学》和《马克思主义与现实》期刊陆续发表了一批研究治理的文章。1999年，俞可平在《治理和善治引论》一文中首次在国内展示出“治理”的全貌，该文与其于2002年发表的《全球治理引论》成为国内治理研究引文频率最高的文章。西方治理理论在中国学术界产生广泛影响的标志性事件是2001年6月15日，中国行政管理学院、北京行政管理学会和北京行政学院联合举办的“治理理论与中国行政改革”研讨会，与会学者围绕治理的概念界定、思想体系以及对我国政治与行政发展的借鉴意义等问题进行了探讨。俞可平在这个会上做了题为《作为一种新政治分析框架的治理和善治理论》的报告，不仅介绍了西方主要治理学者及其观点，还阐释了“善治”的内涵，即“善治就是使公共利益最大化的社会管理过程。善治的本质特征就在于它是政府与公民对公共活动的合作管理，是政治国家与市民社会的一种新颖关系，是两者的最佳状态”①。他认为，善治包括六个要素：合法性(legitimacy)、透明性(transparency)、责任性(accountability)、法治(rule of law)、回应性(responsiveness)、有效性(effectiveness)。从此，治理理论逐渐成为中国政治学、公共管理学等领域的重要议题和时髦话语。

（二）治理理论在中国的发展

在党的十八届三中全会提出“国家治理”命题之前，学术界对西方治理理论作了系统性的介绍和研究，并尝试用治理理论来解释中国现象、解决中国问题。在理论和实践层面涌现出大批与治理相关的“关键词”，诸如公共管理、社会治理、村民自治、公共权力、治理模式、非政府组织、全球治理、地方政府、政府规模、治理结构、国家治理等。中南大学公共管理学院的吴晓林、李咏梅在《治理研究的中国图景及其“中国化”路径》中梳理了中国治理研究的“十大热门领域”：一是基层治理热；二是公共管理热；三是第三部门、社会组织热；四是和谐社会热；五是地方治理、基层治理热；六是公共危机与群体性事件热；七是大学治理热；八是全球治理热；

① 俞可平.作为一种新政治分析框架的治理和善治理论[J].新视野，2001(5)：35-39.

九是社会管理和社会治理热；十是国家治理热。[①] 党的十八届三中全会首次提出“国家治理体系和治理能力现代化”重大命题，从此“国家治理”便成为中国特色社会主义新时代重大理论和实践课题。为了加强国家治理研究，华中科技大学于2014年2月成立了全国第一个国家治理研究院，此后北京大学、中山大学、清华大学、山东大学等相继成立国家治理研究院。如今，以国家治理为研究对象的研究机构多达数十个，关于国家治理的研究论文和学术著作更是层出不穷。国家治理现代化已融入中国现代化建设的任务和目标。党的十九大报告指出，到2035年基本实现现代化，其中就包括“国家治理体系和治理能力现代化基本实现”；从2035年到本世纪中叶，把我国建成富强、民主、文明、和谐、美丽的社会主义现代化强国，其中就包含“实现国家治理体系和治理能力现代化”的目标。

二、治理理论“中国化”

西方治理的元理论包括：在主体上，政府与市场组织、社会组织之间相互合作、依赖；在过程上，通过成员之间的互动、沟通、合作来完成对公共事务的管理。从方法论层面讲，西方治理理论与实践对当下中国的治国理政有一定的参考价值；但从价值论层面讲，西方治理理论与实践不完全适合中国。一些学者盲目地将西方治理理论作为理想的“标尺”来衡量并指导中国实践，这些理论

① 吴晓林，李咏梅．治理研究的中国图景及其“中国化”路径[J]．湖南师范大学社会科学报，2015(4)：22-32．

难免水土不服，甚至与中国社会主义现代化目标背道而驰。因此，治理理论在中国的发展经历了从最初引进西方治理理论，到反思西方治理理论在中国的适应性问题，再到最终建立中国化治理理论的路径。

（一）对西方治理理论的反思和批判

正如王绍光所说，中国政治学正在逐步经历从“取经”到“本土化”的发展。实现政治学的本土化，前提就要做到对西方社会科学理论进行批判和反思。治理理论进入中国之后，不少学者便开始反思其在中国的适应性问题。首先，治理是万能的吗？西方社会提出治理理论，是希望克服国家和市场在社会发展中的种种不足。但事实上，不仅政府和市场会失灵，治理也会失效。俞可平曾指出，“治理也不可能是万能的，它不能代替国家而享有合法的政治暴力，它也不可能代替市场而自发地对大多数资源进行有效的配置”。杨雪冬也指出“把‘治理’放在国家‘彻底中立’或者‘完全不起作用’的背景下来讨论，对公民社会和市场的作用过度夸大，对于发展中国家来说，这是非常有害的”。因为存在治理失效的可能，于是“什么是好的治理，怎样实现好的治理”等新问题被提了出来，善治或有效的治理成为学术界、政府、市场和社会的普遍追求。具体到中国，能够适应并改善中国经济社会发展的治理才是好的治理，因此治理只是手段，不应该用西方治理理论随意剪裁中国的现实，更不应该把治理当成中国治国理政的目标。从这个角度上看，刘军宁等学者把“治理”翻译成“治道”是不无道理的。其次，治理理论在多大程度上适应中国经济社会的发展？治理理论是西方国家为了降低对欠发达国家和地区的援助风险或投资风险而对该地治理现状及治理效果进行评估而产生的理论，本质上是基于西方发达国家自身的经验、价值及目标的，未必就适应被援助或被投资国家和地区的现实需要。同样，源自西方的治理理论被引入中国也面临是否适应的问题。治理理论主张的多中心主义、权力分散化、公民协商等并不能完全适用于发展中国家，有中国学者指出"治理理论勾勒的社会有很大的虚构性"。纵观中国现实，多元治理主体发育并不成熟，多中心主义、权力分散也不完全符合中国的传统和现实国情。因此，大部分中国学者对于引进西方治理理论抱有一种相当警惕的态度，中国需要创造出独具特色的治理理论。

（二）中国特色治理理论的构建

治理理论是改革开放之后被引入中国的，这并不意味着之前中国没有治理或中国的治理不好。中华人民共和国成立以来，中国共产党团结带领中国人民在治国理政方面进行了长期探索，为新时代国家治理现代化奠定了物质、制度和思想观念等方面的基础。西方治理理论传入中国之后，在批判和借鉴西方治理理论的基础上，结合中国历史传统、现实国情以及中华人民共和国成立以来的建设成就和经验，逐步探索出中国特色的治理理论，即中国的治国理政理论。党的十六大提出"党领导人民治理国家"的理念，党的十七大提出"保证党领导人民有效治理国家"的要求，党的十八届三中全会正式提出"推进国家治理体系和治理能力现代化"的新命题，党的十九大以来进一步明确了实现国家治理体系和治理能力现代化目标的时间表和路线图。进入中国特色社会主义新时代以来，以习近平同志为代表的中国共产党人在治国理论方面开创性地提出了一系列新思想、新理论、新战略，已公开出版的四卷

《习近平谈治国理政》便是中国特色治理理论与实践的集中体现。

中国特色的治理理论和治国理政实践，在本质上和价值取向上既区别于中国的传统国家治理，也区别于西方资本主义的国家治理，它遵循的是马克思主义国家理论逻辑，即国家的职能由政治统治与政治管理有机组成。中国共产党人对于“治理”和“国家治理”概念的运用，坚持和贯彻了马克思主义国家学说，积极探索政治统治与政治管理的科学性和有效性，探索不同历史时期治国理政在两者之间以及两者与市场、社会之间的组合方式和实现机制。在政治上，已形成党的领导、人民当家作主和全面依法治国三者有机统一的治理格局；在经济上，已形成“既要充分发挥市场在资源配置中的决定性作用，又要更好地发挥政府的作用”的社会主义市场经济体制；在社会治理方面，已形成党委领导、政府负责、民主协商、社会协同、公众参与、法治保障、科技支撑的共建共治共享的社会治理格局；在文化上，已构建起坚持马克思主义在意识形态领域指导地位的根本制度和坚持以社会主义核心价值观引领文化建设的制度，形成马克思主义指导下中华优秀传统文化、革命文化和社会主义先进文化繁荣发展的格局；在生态文明建设方面，坚持绿水青山就是金山银山的理念，坚持人与自然和谐共生的原则，构建起包括生态环境保护、资源高效利用、生态保护和修复等生态建设制度体系。

中国特色治国理政的理论与实践有显著的中国特色。

一是突出国家主导作用。国家与社会是西方政治学的重要范畴，在奉行新自由主义的西方资本主义国家普遍信奉小政府大社会，因而西方治理理论一个重要特点就是去国家化，即政府角色最小化。然而，对于发展中国家，社会稳定和经济持续健康发展是治理绩效的重要体现，而国家主导是实现稳定和发展的重要前提。

西方治理理论的著名学者杰索普在对治理失败进行反思时提出了“元治理”概念，强调国家在治理中的重要作用。即使是新自由主义的著名代表福山也指出，发展中国家最重要的任务是实现国家的构建，软弱无力的国家是治理失败的根源。

中国的治理突出“国家治理”，即治国理政，旨在凸显国家在治理主体中的重要作用。党的十八届三中全会提出全面深化改革的总目标是“完善和发展中国特色社会主义制度，推进国家治理体系和治理能力现代化”，强调国家制度、国家治理体系、国家治理能力建设，其核心就是建设有效能的政府。同时，中国的治理还特别强调共产党的领导地位和作用，强调坚持中国共产党的全面领导，即“东西南北中，党是领导一切的”，坚持党总揽全局、协调各方，把坚持党的全面领导贯彻到治党、治国、治军、内政、外交、国防等各方面、各领域、各环节。

二是突出社会主义取向。社会主义产生于西方，是批判资本主义的产物。在全球化进程中，资本主义社会发展的矛盾性并没有突出表现在资本主义国家自身，而是转移到经济文化相对落后的发展中国家。在这些国家，社会主义是批判和超越资本主义的重要手段。正如一位欧洲学者所言：“这是一种发展型的社会主义，尽管它的最终目的是建设社会主义社会，但是它的实际任务包括建设工业化的社会。”中国是社会主义国家，社会主义制度在中国早已确立，早已实现了对资本主义在生产关系上的超越；然而中国还处于社会主义初级阶段，在生产力方面还没有完成对资本主义的超越。基于此，党明确提出了社会主义初级阶段的基本路线（即“一个中心、两个基本点”），就是要在坚持社会主义制度的前提下大力发展生产力。因此，中国的国家治理现代化既需要具备西方治理理论中的工具属性，把治理作为发展的一种手段；同时还需要具备独特的价值属性，即一切都是为了坚持和发展中国特色社会主义。

三、中国各种治理评估体系举要及评价

基于善治理论，中国学者尝试制定适用于中国的各种治理评估体系。王绍光早在1993年就提出了衡量国家基础性能力的八个重要指标：强制能力、汲取能力、濡化能力、规管能力、再分配能力、国家认证能力、统领能力、吸纳和整合能力。2009年，俞可平团队出版了《国家治理评估——中国与世界》，系统梳理了世界上较有影响的各种治理评估体系，并提出了"中国治理评估框架"，包括公民参与、人权与公民权、党内民主、法治、合法性、社会公正、社会稳定、政务公开、行政效益、政府责任、公共服务、廉洁12个维度。此后，俞可平团队还提出了"中国社会治理评价指标体系"和"中国民主治理的主要评价标准及指标"，并出版《中国治理评论》年度辑刊，《中国治理评论》成为中国治理研究领域最有影响力的成果。此外，一大批有影响力的学者加入治理评估领域，也提出了各种治理评估体系。

党的十八届三中全会提出"国家治理体系和治理能力现代化"命题之后，各种治理评估体系更是层出不穷。例如，包国宪提出的"我国公共治理评价的指标及指标要素"[①]，聚焦于公共治理领域，通过主观指标法来保证对公共治理评价的客观性和公正性，该指标体系包括法治、参与、透明度、责任、效能、公平和可持续性7个

---

① 包国宪，周云飞．中国公共治理评价的几个问题[J]．中国行政管理，2009(2)：11-15．

维度。胡税根、陈彪提出了“治理评估通用指标”，从输入、过程、输出、结果4个环节入手，制定了包括竞争、成本、能力、透明、公平公正、时限、效率、质量、责任、创新、环保、效果、满意度等13个维度的指标体系，并在此基础上提出了治理评估的通用指标。何增科提出了“中国善治指数评估体系框架”，尝试将治理善治理论、戴维·伊斯顿的政治体系理论和阿尔蒙德的结构功能主义结合起来，包括治理体系完善程度、治理过程民主程度、治理结果优良程度三个维度。臧雷振和张一凡提出了“治理创新评估体系”，包含治理主体、治理内容、治理可持续和治理效能四个维度。现列举如下几种影响力较大的治理评估体系。

（一）中国较有影响力的治理评估体系举要

1. 中国治理评估框架[①]

2008年12月，中央编译局比较政治与经济研究中心前主任俞可平主持的“中国治理评估框架”研究成果在北京发布。该评估框架是国内治理评估领域最早的、最系统的、影响力最大的评估体系。该评估体系提出如下基本原则：第一，既立足中国改革开放实践，又充分借鉴国际上的治理评估经验，最大限度地反映中国的治理特色，同时也反映人类共同的规律和价值，如民主、自由、稳定、公正、高效等。第二，紧紧围绕党和政府的大政方针，既突出政府治理的重点，又兼及治理的基本内容。第三，具有简便性、实用性和可操作性，数据材料容易获得，评估活动也切实可行。第四，坚

① 俞可平.国家治理评估——中国与世界[M].北京：中央编译出版社，2009：227-242.

持主观与客观、现状与前景的有机结合，必须体现中国社会政治经济发展的重要战略部署，包括科学发展、政治文明、和谐社会、小康社会、新农村建设、服务型政府、创新型国家和生态文明等重点领域。基于上述原则，“中国治理评估框架”设置了 12 个方面的评估内容及相应的构成要素。

(1) 公民参与：选举法规；直接选举的范围；竞争性选举的程度；村民自治；居民自治；企业职工自治；重大决策的公众听证和协商；网络民主的发展程度；社会组织或民间组织的状况；社会组织的制度环境；社会组织对国家政治生活的影响。

(2) 人权与公民权：法律对公民权利的保护；公民法定权利的实现程度；妇女、儿童、贫困居民等弱势群体的权利保护；对少数派和不同意见者的保护和宽容；公民和官员的人权意识；公民合法的游行示威；公民的自我保护能力；公民的维权；对公民的法律救助等。

(3) 党内民主：党内选举、决策和监督法规；各级党委领导人的产生方式；党委推荐和任用干部的民主程度；党代会的作用；党委的决策和议事程序；党内的权力监督；党务公开的程度；党代表的直接选举；执政党与其他民主党派的协商情况。

(4) 法治：国家的立法状况；宪法和法律的权威；党和政府的依法执政和依法行政程度；公民和官员对法律的了解和尊重；法律在实际政治生活中的作用；立法活动和司法活动的自主性和权威性；律师的作用；官员和公民的法律意识；政府政策的法律审查和司法审判的执行情况。

(5) 合法性：公民对宪法的信任；公民对党和政府的认同；法律的权威和适用性；党和政府的权威；公民对基层政府的信任；公民对周围官员的信任程度；公民对政治现状的满意程度；公民对主

流意识形态的认可;公民对国家发展前景的态度。

(6) 社会公正:基尼系数;恩格尔系数;城乡差别;地区发展差异;教育公平程度;医疗保健公平程度;就业公平程度;党政干部中的女性占比;党政官员的代表性;人大代表和政协委员的代表性;基本公共服务均等化程度。

(7) 社会稳定:政府处置突发事件的能力;政策的延续性;公民的社会安全感;社会治安状况;通货膨胀率;民族区域的冲突事件;群体性事件的数量;上访数量及比例;公民的社会危机感;家庭暴力的数量和公共暴力事件等。

(8) 政务公开:政务公开的法规及效果;政治传播渠道的数量和质量;决策过程中的公开化程度;行政机关、法院、检察院等活动的公开化制度;公民对政治事务的了解程度;新闻媒体的自主性;公民获取政治信息的权利和渠道;党政干部财产收入申报的真实和透明情况等。

(9) 行政效益:政府的行政成本;党政干部的行政能力;政府的行政效能;党政机关的协调程度;决策失误的概率;公共项目的投入产出率;电子政务;政府的快速反应和处事能力;公民对政府决策和处事效率的满意程度等。

(10) 政府责任:官员对其行为的负责程度;对渎职官员的惩罚;官员与公民的沟通渠道;官员对公民意见的尊重;党和政府接收和处理公民诉求的机制;党和政府的决策咨询机制;政策反馈及决策部门对政策的修订;政策反映或代表公民要求的程度;公民意见对政府决策的影响;行政诉讼的数量及后果等。

(11) 公共服务:政府预算公共服务支出的比例;基本社会保障状况;九年制义务教育普及率;基本医疗保险覆盖率;政府对穷人和困难者的帮助;政府一站式服务的普及率;国家提供公共基础

设施的力度;公民对政府服务的满意程度;以及政府的生态治理及其效果等。

(12) 廉洁:廉政法规及其效果;腐败官员的数量及惩处;对政府及党政干部的经济审计;公共预算监督;权利的相互制约;公民对政府权力的制约;新闻舆论监督;公众举报等社会监督;党和政府的自律。

"中国治理评估框架"是中国第一套国内自主研发的国家治理评估体系,体现了政府、社会和私人多方互动合作的治理架构,具体评估维度贯穿着民主、法治、人权、透明、平等、责任等基本的治理价值,对评估中国治国理政现状以及引导中国最终实现善治目标具有一定的积极作用。在学术上,该评估框架对于探索中国特色社会主义国家治理评估体系也具有一定的开创价值和借鉴意义。然而,由于该指标体系参考了大量的国际治理指标体系,在一定程度上反映了西方主导的善治价值观,因而不完全符合中国社会主义核心价值观。该指标体系的重心是"民主治理"测评,其评估结论也并不能综合反映中国治国理政的真实水平。而且该指标体系的许多指标仍然是一些原则性、纲要性的表述,与"可操作化"还有较远的距离。

2. 中国社会治理评价指标体系[①]

2012 年 6 月 29 日,中央编译局比较政治与经济研究中心和清华大学凯风发展研究院政治发展研究所共同研发的"中国社会治理评价指标体系"在清华大学发布。该评估体系以"中国社会治理指数"为综合指标,包括人类发展、社会公平、公共服务、社会保

---

① 中国社会管理评价体系课题组,俞可平.中国社会治理评价指标体系[J].中国社会治理评论,2012(2):2-29.

障、公共安全和社会参与6个二级指标，共35个三级指标，体现了民主、法治、公平、正义、稳定、参与、透明、自治等社会治理的重要价值和理念，有助于引领社会管理创新和社会治理改革的发展方向。课题负责人俞可平指出，编制“中国社会治理评价指标体系”，旨在引导社会管理创新和社会治理改革的方向，评估社会管理创新和社会治理改革的成就，发现社会管理和社会治理中存在的问题，寻找社会建设和社会发展中的薄弱环节，及时调整政府的社会政策，从整体上提高中国的社会治理水平。该指标体系设置了6个二级指标。

(1) 人类发展。人类发展指标反映了人类的生存和发展状况。可用“人均可支配收入”“平均受教育年限”“平均预期寿命”“居民幸福感”4个指标来衡量人类发展状况。

(2) 社会公平。社会治理状况好坏的一个重要标志是社会的公平正义程度。可以用“城乡居民收入比”“基尼系数”“高中阶段毕业生的性别比系数”“县处级以上党政正职领导干部中女干部比重”“居民公平感”5个指标来测量社会公平程度。

(3) 公共服务。社会治理状况的好坏与社会公共服务的数量、质量和公平分配情况，以及居民对公共服务的满意程度评价息息相关。可以用“人均基本公共服务支出”“基本公共服务支出占财政总支出比重”“人均公共服务设施指数”“一站式服务普及率”“失业率”“居民对公共服务的满意度”6个指标来衡量公共服务状况。

(4) 社会保障。社会保障是国家和社会依法进行收入的再分配，为社会成员，特别是生活有特殊困难的人群提供保障，以维护他们的生存权利、满足他们的基本生活需要的制度安排。可以用“基本社会保险覆盖率”“住房支出占人均可支配收入比例”“社会救助比例”“低保标准与人均消费支出比”“居民对社会保障水平的满意度”5个指标来测量社会保障状况。

(5) 公共安全。公共安全是指公众在日常生活中不受威胁，没有危害、危险和损失，违法犯罪、暴力冲突、恐怖袭击、突发灾害等危害公共安全的因素处于可控制的范围内，没有导致社会崩溃。可以用“万人刑事案件发生率”“非正常死亡率”“群体性事件数量”“万人恐怖袭击伤亡人数”“居民安全感”5个指标来测量公共安全状况。

(6) 社会参与。社会参与是善治的基本要求。可以用“万人社会组织数量”“万人志愿者数量”“政府购买社会组织公共服务支出占公共服务总支出比重”“居民委员会直选率”“居民参选率”“重大决策听证率”“预算制定过程中的公众参与率”“媒体监督的有效性”“居民对参与社会治理的满意度”9个指标来反映社会参与的水平。

课题组主要成员、中央编译局世界发展战略研究部前主任何增科教授说，“中国社会治理评价指标体系”的编制参考了“中国治理评估框架”，并借鉴了国际社会在治理评估方面的先进做法和经验。该项目得到联合国开发计划署的支持。“中国社会治理评价指标体系”从国家治理层面下沉到社会治理这一分领域，是中国治理评估研究和实践的深化，对于了解中国社会治理现状和提升社会治理水平具有重要的参考价值。当然，该评价体系也存在一些不足之处，正如俞可平所指出的“面临两大挑战”：一是如何确保指标体系的可操作性，“如何让指标体系具有可行性、实践性，这是最主要的挑战之一”；二是如何在指标体系形成过程中凝聚最大限度的共识，“目前，我国处于重要的社会转型时期，改革需要共识，发展需要共识，社会治理的完善、社会管理的创新更需要共识”。

3. 国家治理能力现代化评估体系[①]

中共中央党校(国家行政学院)沈传亮教授2014年6月3日在《学习时报》发文《建立国家治理能力现代化评估体系》,该文指出对“国家治理能力现代化”的评估至少包括对治理主体能力的评估、对治理过程的评估、对治理绩效的评估。对治理主体的治理能力评估就是对党和政府、市场主体、社会组织等进行能力评估。作者着重设计了对“党和政府”这一最重要的国家治理主体的治理能力评估体系,包括接纳参与能力、政治整合能力、精英录用能力、战略规划能力、法律实施能力、资源提取能力、监管能力、公正保障能力、政治沟通能力、政治革新能力、危机应对能力、制度建构能力、科学决策能力,共13个方面。

(1) 接纳参与能力。改革开放以来随着经济社会结构的变化,人们利益诉求日益呈现差别化、多样化特点。搭建利益输入平台,提升党和政府的治理弹性,成为评价接纳参与能力的重要方面。测量接纳参与能力的主要次级指标有利益表达渠道是否多元、利益表达是否通畅、利益表达渠道是否得到有效回应。

(2) 政治整合能力。政治整合能力是指党和政府能够把社会成员的政治思想和政治行为统一到国家建设目标上来,并得到主体力量的认同和支持的能力。测量政治整合能力的主要次级指标包括思想整合能力(核心价值观培育能力)、利益整合能力、组织整合能力等。

(3) 精英录用能力。精英录用能力是指党政机关选贤任能的能力。人才是第一资源,如何更好地吸纳和凝聚优秀人才,并让其

① 沈传亮.建立国家治理能力现代化评估体系[N].学习时报,2014-06-03.

发挥优长是党和政府应该考虑的重大战略问题。这就需要优化整合精英录用渠道。测量精英录用能力的次级指标主要包括：任命制占比是否过高、考任制及选任制占比多少、精英参加公务员考试或到党政机关工作是否踊跃。

(4) 战略规划能力。战略规划能力主要考察的是党和政府就全局性治理问题进行战略考量、步骤设置的能力。测量战略规划能力的次级指标主要涉及战略思维能力、顶层设计能力和规划实施能力等。

(5) 法律实施能力。法律的生命在于实施。法律实施能力主要是指党和政府坚持依法治国、推动法律执行的能力，包括公民守法、严格执法、公正司法等。测量法律实施能力的次级指标主要有：公民和官员对法律的了解和尊重；法律在全国范围内和各个部门的执行情况；法律对公民权利的保护情况；司法部门信誉状况等。

(6) 资源提取能力。资源提取能力是指党和政府从社会获取财政资源的能力。治理主体如果不具备较强的资源提取能力，就很难具有治理国家所需要的经济基础。这一能力主要表现在税收能力和动员组织能力上。

(7) 监管能力。监管能力是指治理主体尤其是党和政府对重要治理领域和其他治理主体进行有效监督和管理的能力。现代社会，政府对企业等经济组织和社会组织都要进行监管。测量监管能力的次级指标主要包括市场监管能力、社会发展监管能力、文化发展监管能力、生态治理监管能力等。

(8) 公正保障能力。公正保障能力就是如何通过再分配等措施使得社会公平正义得到有效保障的能力。测量公正保障能力具体涉及恩格尔系数、基尼系数、贫困发生率、社会保障覆盖率、医保覆盖率、义务教育普及率、高等教育毛入学率、地区经济发展差异指数、性别比等。

(9) 政治沟通能力。政治沟通是指党和政府作为沟通主体，通过各种渠道与民众及诸社会团体或组织就各类政治信息进行沟通和交流的过程，其目标是实现信息共享、情感互动、达成共识、构建和谐。测量政治沟通能力的次级指标主要包括政治信息的传递能力、政治谣言的控制能力、沟通制度的建构能力等，还包括沟通的主动性、前瞻性和民主性等。

(10) 政治革新能力。政治革新能力主要指党和政府在政治发展中所必须具备的创新能力。测量政治革新能力的主要次级指标包括锐意创新的态度、政治改革能力、政治理论创新能力、政策创新能力等。

(11) 危机应对能力。危机应对能力主要是指党和政府在处理危机时展现出来的能力。测量危机应对能力主要包括危机预案制定能力、危机处置能力、危机心理干预能力、危机处置评估能力等。

(12) 制度建构能力。制度建构能力主要是指党和政府为推进治理现代化所展现出来的制度制定和制度建构的能力。制度建构主要包括建设政治制度、经济制度、文化制度、社会制度、生态制度、国防和军队制度、党的建设制度等诸多方面。测量制度建构能力主要涉及制度稳定性、制度弹性、制度更新等。

(13) 科学决策能力。科学决策能力主要是指党和政府为推动国家发展制定政策时体现出来的科学素养。目前，中国改革开放进入攻坚期和深水区，注重决策的整体性、协调性，提高决策的科学水平是全面深化改革的必然要求。测量科学决策能力的主要变量有专家咨询质量、方案论证能力、调查研究能力等。

上述各指标尚属定性描述，要对党和政府的治理能力进行实地评估，还必须进一步细化次级指标并赋值，因此该指标体系尚处于初步设想阶段，有待深入研究。沈传亮认为，要科学评价治理主体的治理能力，必须拥有具有专业性、独立性的评估机构。他建议建立临时性、非营利性的国家治理能力现代化评估委员会(简称评估委)，评估委由各类专家组成。建立评估委应遵循如下四个原则。第一，角色的专业性。评估委应该由具备相关专业素养、专业水平且富有评估经验的专家学者组成。第二，评估的自主性。评估委应该具有相对独立性，如此方能超脱利益羁绊，确保评估的科学、客观、中立。第三，规则的有效性。评估委应该严格遵循既定评估规则和流程，确保规则运营有效。第四，行为的规范性。评估委必须按照评估规范有序展开，而不能带有随意性。

4. 中国公共治理评价体系①

2009 年 2 月，兰州大学管理学院院长包国宪等在《中国行政管理》上发表《中国公共治理评价的几个问题》，文中提出了中国公共治理评估框架。作者认为，公共治理评价作为公共治理理论体系的重要内容和组成部分，是测定治理效果、辨别治理成败的科学工具，也是考量治理水平与善治实现程度的有效手段。建立公共治理评价体系的核心，是把公共治理的理念和公共服务的精神融入社会管理，发挥评价的监督功能和导向功能，纠正偏差的同时引导公共治理的发展方向，以持续提高社会的治理水平及和谐程度。

文章指出，公共治理的最终目标是“善治”，是国家权力向社会的回归，是一个还政于民、使公共利益最大化的社会管理过程，其

---

① 包国宪，周云飞. 中国公共治理评价的几个问题[J]. 中国行政管理，2009(2)：11-15.

基本要素是合法性、透明性、责任性、法治、回应性、有效性等。当前,我国的公共治理目标包括以下几个方面。第一,改革由政府垄断一切公共事务的传统行政模式,建立政府与市场、政府与社会之间的合作型管理模式,即政府放权给市场,让市场对资源配置起基础性作用;同时,政府放权给社会,让社会有更多的自主权,实行网络型治理。第二,改革政府传统自上而下的权力运作方式,拓宽沟通渠道,优化信息传输网络,使公民的呼声能及时、准确地反映到相关部门,并能体现在政策措施中。第三,政府、市场和社会形成治理共同体,在长期交往、合作、互动过程中形成一系列认同关系网络。基于上述“善治”目标,作者提出了中国公共治理评价体系,包括7个方面的评价内容。

(1) 公平:不管背景如何,规则公正、平等地应用于社会的每个成员的程度。它包括公共政策的公正程度、价值分配的公平程度、社会保障的覆盖率、公民迁徙的自由程度等。

(2) 法治:法律体系的完备程度及其法律在公共治理中的地位与作用。它包括国家的法律体系的完备状况、公民和官员对法律的了解和尊重、法律在全国范围内和各个部门中的执行情况、法律对公民权利的保护情况等。

(3) 可持续性:着眼于长期发展政策的制定与贯彻执行。它包括公共部门政策的连续程度、公共部门的学习创新能力、社会秩序的稳定程度、公共部门对环境变化的感知与发展政策的制定和执行等。

(4) 参与:公共治理主体参与治理过程的程度。它包括公民参与国家立法和公共政策制定渠道的数量与质量地方自治的范围和层次、民间组织对公共事务的参与程度和影响程度、公民和民间组织对公共部门政策的自觉执行程度等。

(5) 透明度:公共治理过程与结果的公开程度。它包括公共信息传播渠道的数量和质量、公民对公共事务的认知程度、公民知情权的尊重情况、公共部门活动的公开化程度等。

(6) 责任:公共治理中的回应性、公共资金的支配、公共物品的满足程度。它包括公共部门对公民需求的回应情况、公共部门对突发事件的应急处理能力、官员的廉洁程度、公共物品的供给质量等。

(7) 效能:公共部门经济、效率、效益的反应。它包括行政成本高低的情况、公务员工作的绩效水平、公民对公共部门工作的满意度、公共部门服务承诺的兑现程度等。

这些指标和指标要素反映了中国政府改革的方向,以及公共治理的核心问题。这些方面的改善标志着国家公共治理水平的提高,意味着公共治理阶段性目标的实现,而且表明国家的公共治理能力迈上了新的台阶。然而,该评估体系也存在一些不足之处:第一,该指标体系涵盖面不够广泛,一些重要领域并未涉及,比如性别、贫富等;第二,廉洁、稳定、和谐等基本价值在该指标体系中体现不够;第三,一些指标和指标要素之间不相匹配;第四,单纯采用主观指标而舍弃客观指标,会影响到评价结果的客观性和公正性。该套指标体系也没有经过实际测评的检验和修正。

(二) 对上述各种治理评估体系的总体评价

运用西方治理理论研究中国的"治国理政",无疑具有重要意义。正如江必新所说:"从统治、管理到治理,言辞微变之下涌动的,是一场国家、社会、公民从着眼于对立对抗到侧重于交互联动再到致力于合作共赢善治的思想革命;是一次政府、市场、社会从配置的结构性变化引发现实的功能性变化再到最终的主体性变化的国家实验；是一个改革、发展、稳定从避免两败俱伤的负和博弈、严格限缩此消彼长的零和博弈再到追求和谐互惠的正和博弈的伟大尝试。”这表明“治理”理论被援引到中国，正在引起中国治国理政诸多领域的变革，有利于推动中国国家治理现代化。

然而，许多中国学者所依据的“善治”标准都是直接从西方“拿来”的，虽然其中含有某些属于“全人类共同价值”的因素可以为我所用，但总体来说，无论是“治理”还是“善治”，本身就蕴含着西方新自由主义的价值观，强调“小政府大社会”“多元主体”“多中心主义”“绝对人权与绝对民主”“彻底私有化、完全市场化、绝对自由化”等。王绍光曾指出，“在过去二三十年，许多热衷治理研究的国内外学者都认为，公共管理已经发生了‘范式转换’(paradigm shift)”，即“从‘政府’(government)转为‘治理’(governance)”。[①]这些学者主张：“第一，政府不应该是影响社会经济发展的唯一角色；第二，权力应该更广泛地分布，从政府单极分散到许许多多个独立的、非政府的权力中心；第三，市场优于政府，凡是市场能办的事情就应依靠市场，市场是优先选择。一言以蔽之，所谓范式转换，说到底就是要改变国家的角色。”[②]以至于“中国学者广泛认为，治理就是无需政府的公共管理”[③]。显然，西方的“治理”和“善治”理论所蕴含的这些新自由主义的价值与中国特色社会主义存在一定程度的价值冲突。中国与西方有不同的文化传统、不同的现实国情、不同的发展目标，也有不同的核心利益、不同的社会制

① 王绍光. 治理研究：正本清源[J]. 开放时代，2018(2)：153-176.

② 王绍光. 治理研究：正本清源[J]. 开放时代，2018(2)：153-176.

③ Yu Keping. Toward an Incremental Democracy and Governance: Chinese Theories and Assessment Criteria[J]. New Political Science，2002(2)：195-196.

度、不同的意识形态，因此推进中国国家治理体系和治理能力的现代化又不能简单照搬西方模式，而必须在中国社会主义核心价值观的指导下，建构适合中国历史传统、现实国情和发展目标的国家治理理论和国家治理评估体系。

第四章

中国国家治理评估的价值原则和评估框架

“国家治理”是一个具有浓郁中国气息的概念。虽然20世纪90年代以来“治理”概念被广泛运用，但“国家治理”(state governance, country governance or national governance)并不多见。在诸多的治理评估体系中，仅有英国国际发展部2006年为了实施国家援助计划提出了国家治理分析(country governance analysis)①的评价手段，但这也是站在主权国家之外居高临下地对贫困国家的治理状况进行评估。汉语中的“国家治理”概念是从传统中国的“治理”展开的。1977年2月7日“两报一刊”发表社论《学好文件抓住纲》提出了“抓纲治国”的号召，并在党的十一大报告中将其确定为战略决策，其意蕴是实现“天下大治”的目标。通过学术期刊网(CNKI)检索，最早把“治理”与“国家”联系起来的文献是张静惠1995年12月在《北京政协》发表了一篇文章《治理国家贵在严——新加坡见闻》，文章指出“从细微处抓起，是新加坡善于治理的一个突出特点”②。1997年9月，江泽民同志在党的十五

① 俞可平.国家治理评估——中国与世界[M].北京：中央编译出版社，2009：262.
② 张静惠.治理国家贵在严——新加坡见闻[J].北京政协，1995(12)：32-33.

大报告中提出“依法治国”方略之后，“治理国家”的表述便频繁出现，主题基本上都是围绕“依法治国，是党领导人民治理国家的基本方略”展开的。自2001年1月江泽民同志在全国宣传部长会议上提出“把依法治国与以德治国紧密结合起来”的治国方略之后，“治理国家”便成为学术界讨论的热点话题，重点是围绕“治理国家到底是靠法治，还是靠德治，还是二者相结合”展开的。由于西方治理理论强调“法治”，于是中国的“治理国家”概念便成功与西方治理理论嫁接起来，中国现代意义上的“国家治理”概念便应运而生。然而，在党的十八届三中全会之前，“国家治理”基本停留在学术层面，尤其是政治学、公共管理学领域。直到党的十八届三中全会之后，“国家治理”才上升到国家战略和政治层面，在治国理政各个领域被广泛运用。当然，当今中国语境下的“国家治理”之“治理”既不同于传统中国的“治理”，也不同于西方的“governance”，而是包括古今中外各种积极因素在内的“治国理政”。党的十八届三中全会把“推进国家治理体系和治理能力现代化”作为全面深化改革的总目标之一，党的十九届四中全会进一步明确了推进国家治理体系和治理能力现代化的总目标和路线图。然而，要实现国家治理现代化，必须要有明确的国家治理现代化标准，也需要有可信的国家治理现代化评估体系。

一、中国国家治理评估的价值原则

西方发达国家和重要国际组织制定了一些普遍适用的“善治”标准来对世界各国的治理状况进行测量，包括民主、人权、法治、问责、回应、参与、透明、开放、公平、廉洁、效能、可持续发展等多个维度。虽然西方的治理评估体系天然地蕴含制定者和评估者自身的价值体系，但其中也包含诸多全人类共同价值，例如主张权力或资源的合理配置，强调公平、透明、参与、问责、法治等，这些价值是制定中国国家治理评估体系必须遵循的。当然，中国也不能照搬西方的治理评估理论和实践，中国作为国土面积广袤而且拥有世界最多人口的超大型国家，其治理的复杂程度是西方国家所不能比拟的；在当前中国价值多元化背景下谈治理，需要包容各方面、各阶层、各地域、各行业之间的差异性，寻找共性，其困难程度也是西方国家单一价值体系下的治理不能比拟的。综上所述，构建中国特色社会主义国家治理评估体系必须广泛借鉴世界各种治理评估体系的积极因素，但不拘泥于西方治理评估体系的价值原则，要推动符合中国特色社会主义语境的价值转换和话语转换，充分体现社会主义核心价值观，体现建设富强民主文明和谐美丽的现代化强国，实现中华民族伟大复兴的中国梦的奋斗目标。

习近平同志指出，“世界是多向度发展的，世界历史更不是单线式前进的。中国不能全盘照搬别国的政治制度和发展模式，否则的话不仅会水土不服，而且会带来灾难性后果”[①]。“我们治国理政的本根，就是中国共产党领导和社会主义制度。我们思想上必须十分明确，推进国家治理体系和治理能力现代化，绝不是西方化、资本主义化！”[②]因此，中国的国家治理现代化及其评估必须遵循如下价值原则。

第一，国家治理现代化必须以坚持和完善中国特色社会主义

① 习近平.在布鲁日欧洲学院的演讲[N].人民日报，2014-04-02(2).

② 习近平.在省部级主要领导干部学习贯彻十八届三中全会精神全面深化改革专题研讨班开班式上发表重要讲话[N].人民日报，2014-02-18.

制度为前提。中华人民共和国成立70多年来，中国创造了世所罕见的经济快速发展和社会长期稳定的两大奇迹，中华民族迎来了从站起来、富起来到强起来的伟大飞跃，这充分证明了中国特色社会主义制度的先进性。党的十九届四中全会全面概括了中国特色社会主义制度和治理体系的十三个方面的显著优势，并指出"中国特色社会主义制度和国家治理体系是以马克思主义为指导、植根中国大地、具有深厚中华文化根基、深得人民拥护的制度和治理体系，是具有强大生命力和巨大优越性的制度和治理体系，是能够持续推动拥有十四亿余人口的大国进步和发展、确保拥有五千多年文明史的中华民族实现'两个一百年'奋斗目标进而实现伟大复兴的制度和治理体系"，"我国国家治理一切工作和活动都依照中国特色社会主义制度展开，我国国家治理体系和治理能力是中国特色社会主义制度及其执行能力的集中体现"[①]。因此，国家治理现代化必须坚持和完善支撑中国特色社会主义制度的根本制度、基本制度、重要制度，着力固根基、扬优势、补短板、强弱项，构建系统完备、科学规范、运行有效的制度体系。

第二，国家治理现代化必须以坚持和加强中国共产党的全面领导为根本保证。中国共产党作为执政党是近代以来中国历史发展的结论，是人民的选择，党领导人民取得中国特色社会主义事业伟大成就进一步巩固了中国共产党的领导地位。党的十九大报告指出，"中国特色社会主义最本质的特征是中国共产党领导，中国特色社会主义制度的最大优势是中国共产党领导，党是最高政治领导力量"，"党政军民学，东西南北中，党是领导一切的"[②]。与西方国家比较，中国共产党的全面领导和国家（政府）主导，是中国国

① 本书编写组.党的十九届四中全会《决定》学习辅导百问[M].北京：党建读物出版社，2019：1.

② 本书编写组.党的十九大报告辅导读本[M].北京：人民出版社，2017：19-20.

家治理的重要特点。习近平同志指出，“我们说要推进国家治理体系和治理能力现代化，关键是坚持党对一切工作的领导，确保党始终总揽全局、协调各方”[①]。因此，国家治理现代化必须突出中国共产党的领导地位，增强中国共产党长期执政的合法性和长期执政的能力，确保中国共产党长期执政。

第三，国家治理现代化必须以中国特色社会主义核心价值观为价值引领。核心价值观是一个国家一切行动的终极价值追求，中国的国家治理现代化最终是社会主义核心价值观的集中体现。党的十八大提出了“富强、民主、文明、和谐，自由、平等、公正、法治，爱国、敬业、诚信、友善”的社会主义核心价值观，这是中国国家治理现代化的价值目标，也是中国国家治理评估的“善治”标准。这一标准包括三个层面：一是国家层面的发展目标，即建成富强、民主、文明、和谐的现代化强国；二是制度和治理体系层面的建设目标，即构建体现自由、平等、公正、法治的制度和治理体系；三是公民道德层面的建设目标，即培养广大公民爱国、敬业、诚信、友善的道德品质。

第四，国家治理现代化必须坚持人民性，体现以人民为中心的理念。人民性是马克思主义政党区别于其他政党的显著标志，也是社会主义制度区别于其他制度的显著标志。中国共产党从诞生起就确立了“全心全意为人民服务”的根本宗旨，在中国革命、建设和发展历程中始终坚持“群众路线”这一根本工作路线，始终以人民解放和人民富裕为奋斗目标。中国共产党成立以来的百年历史证明，党的以人民为中心的宗旨和路线是完全正确的，必须长期坚持，因此，在党的十九大报告中强调：“坚持以人民为中心。人民是

① 中共中央文献研究室. 习近平关于社会主义政治建设论述摘编[G]. 北京：中央文献出版社，2017：34.

历史的创造者，是决定党和国家前途和命运的根本力量。必须坚持人民主体地位，坚持立党为公、执政为民，践行全心全意为人民服务的根本宗旨，把党的群众路线贯彻到治国理政全部活动之中，把人民对美好生活的向往作为奋斗目标，依靠人民创造历史伟业。”①

第五，国家治理现代化必须以实现中华民族伟大复兴的中国梦为奋斗目标。党的十五大报告首次提出了“两个一百年”奋斗目标，党的十九大进一步明确了实现“两个一百年”奋斗目标的时间表和路线图，即在 2020 年全面建成小康社会，实现第一个百年奋斗目标，到 2035 年基本上实现社会主义现代化，到 2050 年把我国建设成为富强民主文明和谐美丽的社会主义现代化强国，即实现第二个百年奋斗目标，实现中华民族伟大复兴。中华民族伟大复兴的中国梦意味着国家富强、民族振兴、人民幸福，这是中国国家治理现代化的绩效目标。国家治理现代化不只是国家制度体系、国家治理体系和治理能力的现代化，最终是“国家富强、民族振兴、人民幸福”这一绩效目标的实现。

当然，国家治理现代化在体现中国价值和实现中国目标的同时，还必须保持开放的心态，一方面要坚持改革创新，坚决破除一切思想观念和体制机制的障碍，构建系统完备、科学规范、运行有效的制度和治理体系；另一方面要坚持对外开放，广泛借鉴和吸收人类文明的积极成果，不断完善中国特色社会主义制度。正如习近平同志所指出的，“中华民族是一个兼容并蓄、海纳百川的民族，在漫长历史进程中，不断学习他人的好东西，把他人的好东西化成我们自己的东西，这才形成我们的民族特色”②。

---

① 本书编写组.党的十九大报告辅导读本[M].北京：人民出版社，2017：21.

② 习近平谈治国理政[M].北京：外文出版社，2014：105-106.

二、中国国家治理综合评估框架

治理评估活动包括评估主体、评估对象、评估指标、评估方法等，其中，评估指标是核心，因而“评估体系”往往被称为“评估指标体系”。评估主体，是指对国家、地区、部门，或者行业治理水平进行评估的政府机构、专业组织或个人。治理评估根据主客体关系分为外部评估和自我评估；根据评估的行为主体分为决策者评估、大众评估和第三方评估。从评估主体来看，国家治理评估有三种情况：一是中央政府、地方政府、部门或行业对其治理水平作自我评估；二是中央政府或上级部门对地方政府、部门或行业的治理水平进行评估；三是受中央政府或地方政府委托，由第三方机构对国家、地方政府、部门或行业进行治理水平评估。评估对象，是指评估主体根据评估目的所确定的评估范围和评估内容。对于以投资、贷款或援助为目的的治理评估，对象就是其投资、贷款或援助的对象，通常是一些落后国家或地区；对于主权国家为了提升治理水平而进行的治理评估，对象则是主权国家自身或者其所属的区域、部门或行业；对于第三方评估机构而言，则是根据决策者（或委托方）的要求来确定治理评估对象。评估对象从范围来看包括全球治理、国家治理、区域治理、城市治理、乡村治理等各层面；从内容来看包括政府治理、市场治理、社会治理、公司治理等各方面。评估指标是指从不同维度衡量治理水平的各项可量化指标，这些指标必须具有完整性、典型性和互斥性特征，是一个完整的系统，因此又叫“评估指标体系”。评估方法，则是指如何运用评估指标体系准确评估某对象的治理水平的方法，包括数据采集、筛选、分析、算法、结论以及评估报告的撰写等治理评估活动各环节的操作方法。

国家治理评估体系在价值层面必须体现科学性、正当性和有效性。其中科学性是事实判断，是指国家治理体系和治理能力是否科学合理，是否符合自然规律和人类社会发展规律，是否体现科学精神；正当性是价值判断，是指国家治理体系和治理能力在制定和运行上是否正当合法，是否符合社会主义本质和根本立场，是否符合社会主义核心价值观，是否符合中国的宪法和相关法律法规；有效性是效果判断，是指国家治理结果在达成目标的方向上是否有效，是否或在什么程度上实现富强民主文明和谐美丽的现代化目标，是否或在什么程度上实现包括国家富强、民族振兴、人民幸福在内的中华民族伟大复兴的中国梦。

国家治理评估体系在技术层面必须体现完整性、典型性、互斥性和可操作性。所谓完整性，是指每一级评估指标的罗列尽可能穷尽上一级指标所涵盖的各个方面的内容；所谓典型性，是指每一项指标都具有代表性，能体现评估项本质或数量；所谓互斥性，是要求检阅全部同级评估指标，对于重复或矛盾的指标予以调整或取舍；所谓可操作性，是指对每一项末级指标进行定性或定量判断，剔除那些无法准确定性或无法获取可靠数据的指标项。最后，根据每一项指标在国家治理中的地位和作用，通过层次分析法“成对比较矩阵图”确定每一项指标的权值。

中国的国家治理评估是一个时代性课题。党的十九届四中全会明确了推进国家治理体系和治理能力现代化的目标和步骤，无论是阶段性目标还是最终目标能否达到，都需要一套评估体系来进行评估。中国的国家治理，指的是中国共产党领导下的治国理政。习近平同志指出，“国家治理体系是在党领导下管理国家的制度体系，包括经济、政治、文化、社会、生态文明和党的建设等各领域体制机制、法律法规安排，也就是一整套紧密相连、相互协调的国家制度；国家治理能力则是运用国家制度管理社会各方面事务的能力，包括改革发展稳定、内政外交国防、治党治国治军各个方面。国家治理体系和治理能力是一个有机整体，相辅相成，有了好的国家治理体系才能提高能力，提高国家治理能力才能充分发挥国家治理体系的效能”①。无论是国家治理体系、国家治理能力，还是国家治理效能，都涉及经济、政治、文化、社会、生态各领域，包括改革发展稳定、内政外交国防、治党治国治军各方面。总之，中国的国家治理评估是涵盖各领域各方面的综合评估。

国家治理综合评估包括国家治理体系评估、国家治理能力评估、国家治理绩效评估。国家治理体系、国家治理能力、国家治理绩效的关系，是结构、功能与效果的关系，三者相互影响、紧密联系。人们通常理解的“治理评估”更多的是指“治理绩效评估”，即评估治理结果的好坏。事实上，依据结构功能主义，治理结果的好坏取决于治理体系是否健全以及治理能力是否强大。如果只注重治理结果的评估往往会陷入“为评估而评估”的圈套，不容易使人反思治理体系、治理能力和治理过程本身。即使评估者也许会意识到治理体系和治理能力对治理结果的影响，但缺少对治理体系和治理能力的评估，也很难找到影响治理绩效的根源。因此，本课题拟从“国家治理体系评估”“国家治理能力评估”“国家治理绩效评估”3 个维度（一级指标）来设计。

① 习近平谈治国理政[M]. 北京：外文出版社，2014：91.

（一）国家治理体系评估

关于国家治理体系现代化的要求，党的十八届三中全会通过的《中共中央关于全面深化改革若干重大问题的决定》指出，到2020年形成系统完备、科学规范、运行有效的制度体系。“系统完备、科学规范、运行有效”就是国家治理体系现代化的目标。具体而言，就是评估各领域的制度体系是否健全；评估各领域的体制机制是否完善，法律法规是否健全；还要评估治理体系各要素之间是否协调、有效。基于此，在一级指标“国家治理体系评估”之下，设4个二级指标：“制度体系”“体制机制”“法治体系”“体系协同”。

（二）国家治理能力评估

国家治理能力是指政府、市场等各主体运用国家制度管理国家和各种社会公共事务的能力，包括党的领导能力，国家机构的履职能力，人民群众依法管理国家事务、经济社会文化事务、自身事务的能力。习近平同志指出，“只有以提高党的执政能力为重点，尽快把我们各级干部、各方面管理者的思想政治素质、科学文化素质、工作本领都提高起来，尽快把党和国家机关、企事业单位、人民团体、社会组织等的工作能力都提高起来，国家治理体系才能更加有效运转”[①]。治理能力，根本的是治理主体的能力及其协同性，国家治理主体包括党、政府、企事业单位、社团组织、人民群众等。基于此，在一级指标“国家治理能力评估”之下设6个二级指标：

---

① 习近平谈治国理政[M].北京：外文出版社，2014：105.

“党的领导能力”“政府履职能力”“市场调节能力”“社会参与能力”“多元主体协同能力”“科技支撑能力”。

（三）国家治理绩效评估

党的十八大报告明确提出了建设中国特色社会主义的总任务,即实现社会主义现代化和中华民族伟大复兴。“实现社会主义现代化和中华民族伟大复兴”就是把中国建成富强民主文明和谐美丽的现代化强国,实现国家富强、民族振兴和人民幸福。国家治理绩效的评估,就是评估在经济、政治、文化、社会、生态各领域的治理成果,即社会主义现代化目标“富强、民主、文明、和谐、美丽”的实现程度。基于中国特色社会主义建设“五位一体”总体布局和建设富强民主文明和谐美丽的现代化强国目标,在一级指标“国家治理绩效评估”下设 5 个二级指标:“经济建设绩效”“政治发展绩效”“文化建设绩效”“社会建设绩效”“生态文明建设绩效”。需要说明的是,中国的国家治理除了经济、政治、文化、社会、生态这五个领域之外,还包括党的建设、军队建设、国防建设、外交等,其中“党的建设”在中国本身就是政治领域的重要任务,军队、外交、国防等方面的建设主体是国家,在地方治理评估中不涉及这些领域,而且在广义上也属于政治的范畴,因此这些都将被笼统地纳入“政治发展绩效”评估之中。

基于上述分析,可明确中国国家治理综合评估框架,如表 4-1 所示。

表 4-1　中国国家治理综合评估框架(T1)

<table>
<tr><th>评估框架</th><th>一级评估指标</th><th>二级评估指标</th><th>备　注</th></tr>
<tr><td rowspan="15">中国国家治理综合评估</td><td rowspan="4">国家治理体系评估(A)</td><td>制度体系(a)</td><td></td></tr>
<tr><td>体制机制(b)</td><td></td></tr>
<tr><td>法治体系(c)</td><td></td></tr>
<tr><td>体系协同(d)</td><td></td></tr>
<tr><td rowspan="6">国家治理能力评估(B)</td><td>党的领导能力(a)</td><td></td></tr>
<tr><td>政府履职能力(b)</td><td></td></tr>
<tr><td>市场调节能力(c)</td><td></td></tr>
<tr><td>社会参与能力(d)</td><td></td></tr>
<tr><td>多元主体协同能力(e)</td><td></td></tr>
<tr><td>科技支撑能力(f)</td><td></td></tr>
<tr><td rowspan="5">国家治理绩效评估(C)</td><td>经济建设绩效(a)</td><td></td></tr>
<tr><td>政治发展绩效(b)</td><td></td></tr>
<tr><td>文化建设绩效(c)</td><td></td></tr>
<tr><td>社会建设绩效(d)</td><td></td></tr>
<tr><td>生态文明建设绩效(e)</td><td></td></tr>
</table>

第五章

中国国家治理体系评估指标体系

中国国家治理体系是在党领导下管理国家的制度体系，包括经济、政治、文化、社会、生态文明和党的建设等各领域的体制机制、法律法规安排；对国家治理体系的评估，将从“制度体系”“体制机制”“法治体系”“体系协同”四个方面进行。

一、制度体系

制度体系是国家治理体系的核心，国家治理体系现代化的根本在于国家制度现代化。国家制度本质上是国家权力建构及其运行规则，包括在巩固统治阶级利益基础上增进公共利益的规则、明确各权力主体之间关系和维护社会秩序的规则、确保本国存续及国际交往的规则等。制度体系是指一个国家由各层次、各方面制度所构成的一个制度架构。在中国，推进国家治理体系现代化的首要任务和最终目标就是坚持和完善中国特色社会主义制度。中国特色社会主义制度是一个系统而科学的制度体系，起“四梁八柱”支撑作用的有根本制度、基本制度和重要制度，其中处于统领地位的是党的领导制度；从不同领域来看，有政治制度、经济制度、文化制度、社会制度、生态制度等，其中最重要的是政治制度。对制度体系的评估，首先要评估各领域的基本制度、重要制度及一般制度与国家根本制度和宪法（上位制度和法律）是否一致，即“制度合法性”问题。根据党的十九届四中全会精神，在中国特色社会主义制度体系中，人民代表大会制度是根本政治制度，中国共产党领导的多党合作和政治协商制度是根本政党制度，马克思主义在意识形态领域指导地位是根本理论制度，中国各层次各领域各方面的制度都不得与根本制度相抵触。其次要评估各层次各领域是否健全，是否科学合理有效。十九届四中全会《决定》指出：“突出坚持和完善支撑中国特色社会主义制度的根本制度、基本制度、重要制度，着力固根基、扬优势、补短板、强弱项，构建系统完备、科学规范、运行有效的制度体系。”[①]基于此，在二级指标“制度体系”之下设 4 个三级指标：“制度合法性”“制度完备性”“制度科学性”“制度有效性”。

1. 制度合法性

制度合法性是指制度的制定、内容和执行与国家宪法和法律、国家根本制度及广大人民根本利益的一致性。制度的合法性评估包括两个维度：一是看制度的制定、内容和执行是否违宪、违法，或者与上位制度相抵触；二是看制度的制定、内容和执行是否代表最广大人民的根本利益，包括保证人民当家作主、体现人民共同意

---

① 本书编写组．党的十九届四中全会《决定》学习辅导百问[M]．北京：党建读物出版社，2019：4．

志、维护人民合法权益等。基于此，在三级指标“制度合法性”之下设2个四级指标：“制度与宪法和法律的一致性”“制度与人民意志和利益的一致性”。

2. 制度完备性

中国特色社会主义制度是一个完整而严密的制度体系，在层次上包括国家的根本制度，各领域的基本制度、重要制度和一般制度；在类别上包括政治制度、经济制度、文化制度、社会制度、生态文明制度等。对制度完备性的评估有两个维度：一是看制度要素（各单项制度）是否完备，即制度是否涵盖了所有层次和所有方面；二是看制度要素之间是否有机衔接、统筹协调，从而构成一个完整的制度体系。基于此，在三级指标“制度完备性”之下设2个四级指标：“制度要素完备性”“制度体系完备性”。

3. 制度科学性

制度科学性是指制度的设计既要符合事物的发展规律，也要符合现实的客观实际。只有遵循科学性原则的制度，才能发挥其规范、约束、引领和调节等功能。基于此，在三级指标“制度科学性”之下设2个四级指标：“制度合规律性”“制度合现实性”。

4. 制度有效性

2012年3月1日，习近平同志在中央党校的一次报告中指出，一些地方存在制度挂在墙上，放在桌上，讲在嘴上，不去落实的问题，制度或政策的执行不够，必然导致“有令不行、有禁不止”。党的十九届四中全会强调，“制度的生命在于执行。各级党委和政府以及各级领导干部要切实强化制度意识，带头维护制度权威，做制度执行的表率，带动全党全社会自觉尊崇制度、严格执行制度、坚决维护制度"[1]。可见，无论制度体系有多完备，如果执行率低或执行效果差，都不可能真正发挥制度的作用。基于此，在三级指标"制度有效性"之下设2个四级指标："制度执行率""制度执行成效"。

二、体制机制

体制机制是制度执行层面的相关政策、措施、流程、规范等。"每一种制度的功效都要靠机制去实现。一种制度建立了，人们并不一定会遵守，甚至会反其道而行之。只有当制度形成了机制，也就是人们能够自动地趋向于制度目标的时候，制度才算真正地建立起来了。"[2]制度的落实涉及决策、执行、监督、问责等多个环节。其中，"决策"是指各利益相关方按照一定的规则为寻求利益最大公约数而制定的政策和措施，其评估向度为决策是否做到了科学决策、民主决策、依法决策。"执行"是指将制度体系和治理体系转化为治理效能。执行评估考察的是制度或政策的执行主体是否有较强的制度意识和执行能力，是否有科学合理的执行程序或规范，是否有执行过程的领导和管理机制等。"监督"是指对决策和执行的监督，评估内容包括是否有健全的决策和执行监督机构，是否有决策和执行的监督机制，监督实施及成效如何。"问责"是指基于

---

① 本书编写组．党的十九届四中全会《决定》学习辅导百问[M]．北京：党建读物出版社，2019：32.

② 李景鹏．挑战、回应与变革——当代中国问题的政治学思考[M]．北京：北京大学出版社，2012：26.

过程监督和结果考评，根据各环节履职尽责情况和执行结果与目标的“达成度”，实施奖惩或追责，其评估内容包括是否有考评、奖惩和追责机制及其实施情况。基于此，在二级指标“体制机制”之下设4个三级指标：“决策机制”“执行机制”“监督机制”“问责机制”。

1. 决策机制

决策是实践活动的首要环节，也是决定实践发展方向的根本环节。人们通常把决策称为“历史决策”，原因在于任何决策都会影响或改变历史的走向。正确的决策是实践活动的关键，一旦出现决策失误就可能导致“差之毫厘，谬以千里”的后果。如何才能确保决策的正确性呢？如前文所述，必须做到科学决策、民主决策、依法决策。其中，科学决策是指决策的所有环节必须遵循科学原则，即基于历史经验和现实条件，遵循事物发展的客观规律，凭借科学思维、利用科学手段来分析、判断和抉择。决策的科学性评估，包括议题的正确、过程的规范、方法的科学、技术的先进等方面。民主决策是指决策的所有环节都必须遵循民主原则，充分听取各利益相关方的意见，充分保障各利益相关方的权益，寻求各方利益的最大公约数。决策的民主性评估，包括各方面代表是否参与决策过程，各方面意见是否得到尊重，各方面的权益是否得到保障。依法决策是指决策的所有环节都必须遵循法治原则，必须遵守国家的宪法、法律和相关的法规。决策的合法性评估，包括决策主体、决策内容、决策过程、决策结果等各环节的合法性。基于此，在三级指标“决策机制”之下设3个四级指标：“科学决策”“民主决策”“依法决策”。

2. 执行机制

制度的生命在于执行，制度执行的效果取决于执行机制。执行机制是执行要素、执行流程、执行规则、执行过程监管等各环节相结合的有机体。执行要素是指制度执行的主体、手段和对象等要素，即执行过程中的人、财、物等资源的合理配置。执行流程是指制度执行的程序和过程，科学合理的执行流程可以节约执行成本，提高执行效率。执行规则是对制度执行主体及行为予以规范的法规或准则，以确保执行得以落实。执行过程监管是对执行的全过程进行管理和控制，对执行结果予以考核，并予以相应的奖惩或责任追究，进而避免制度“空转”。基于此，在三级指标“执行机制”之下设4个四级指标：“执行要素”“执行流程”“执行规则”“执行过程监管”。

3. 监督机制

监督的核心是对权力的监督，即设定权力的边界，并通过制度、利益相关方或公众监督对权力进行约束。由于权力首先是配置资源的权力，有权力的人不仅是“政治人”，而且是“经济人”，其对私利的追逐难免导致在资源配置中滥用权力；由于权力的委托性，信息不对称使得委托人很难对代理人进行有效监督；由于权力的公共性，权力似乎属于每一个人，但似乎每一个人又觉得与自己没太大关系，从而导致监督不积极，甚至出现期待他人监督的“搭便车”现象；由于权力的裁量性，行使权力者在边界范围内可以自由裁量，这就存在权力寻租的空间；由于权力的强制性，体现国家机器的职能，公民个体对国家机器的约束有限。基于上述权力的属性，权力的行使者极其容易超越权力边界。正如孟德斯鸠所说：

“一切有权力的人都容易滥用权力，这是万古不易的一条经验。有权力的人们使用权力一直到遇到界限的地方才休止。”[①]因此，权力监督跟权力运行一样，是政治学和现实政治的核心问题。权力监督的重要原理是“用制度约束制度，用权力制衡权力”，因此，权力监督机制主要是指监督的机构（组织）体系和制度体系，即制度监督体系。当前，中国已形成纪检监督、人大监督、司法监督、行政监督、审计监督、检察院监督等多元化的监督体系。2018 年 3 月，全国人大审议通过宪法修正案和监察法，正式建立国家监察制度，这意味着将相对分散的监督权进行整合，形成了立法、行政、司法之外的“第四种”宪法性权力——监督权。这是党和国家机构改革的重大举措，也是中国监督机制健全的重要标志。要对监督机制进行如下评估。首先，评估各种监督机构、各项监督制度是否健全和是否有效运行。其次，监督机制还包括利益相关方的监督，所行使的权力涉及谁的利益，谁就有监督的权利和责任。针对行使国家权力的政府机构及公职人员，人民群众就有监督的权利和责任，因此就应当有健全的人民监督的体制和机制，包括检举、揭发、投诉等。此外，对公权力的监督还有一个重要的渠道，那就是新闻、舆论的监督。在信息时代，新闻舆论是解决公众与政府之间信息不对称问题的重要途径，是监督政府的重要手段。监督机制是否健全还要评估是否有健全的新闻舆论监督机制。基于此，在三级指标“监督机制”之下设 3 个四级指标：“监督的制度化程度”“群众监督机制”“新闻、舆论监督机制”。

4. 问责机制

问责机制是指问责的制度和法规、实施流程和规则、手段和措

① 刘小妹. 人大制度下的国家监督体制和监察机制[J]. 政法论坛，2018(3)：14-27.

施等，包括明确谁来问责、问谁的责、为什么问责、怎么问责等系列问题。“问责”是指追究行使公共权力的公职人员的责任，包括政治责任（含党员干部的党内责任）、行政责任、法律责任等。政治责任是指坚持正确的政治方向，坚决贯彻落实党和国家的路线方针政策，与党中央保持高度一致，衷心拥护“两个确立”，坚决做到“两个维护”，一旦出现政治错误将被追责。行政责任是指行使公权力时所承担的各项责任，一旦失职失责将被追责，例如“重大决策失误”“用人失察”“重大安全事故”“重大生态责任事故”等。法律责任是指必须在法律范围内行使权力并承担职责，一旦超越法律边界出现滥权、腐败等情况必将被追责。2012 年 12 月 4 日，习近平同志在首都各界纪念现行宪法公布实施 30 周年大会上的讲话指出：“我们要健全权力运行制约和监督体系，有权必有责，用权受监督，失职要问责，违法要追究，保证人民赋予的权力始终用来为人民谋利益。”[①]这段话表明，问责的主体是人民，因为权力是人民赋予的，人民通过全国人民代表大会和地方各级人民代表大会及其产生的相关纪检、监督、检察、监察机构代行问责权。问责对象则是行使公权力的国家公职人员。为什么要问责？因为公职人员代表人民行使公权力，“有权必有责，用权受监督”，滥权、失职、失责、违法等行为及其不良后果必被追究。怎样问责？由人民及其代理机构依法追究行使公权力且因滥权、失职、失责、违法而导致不良后果的公职人员的责任，其依据是明确公职人员责权利的相关法律、法规及契约等。问责机制评估，就是评估问责各方面各环节的体制机制是否健全有效，包括是否有健全的问责制度、机构、法律、法规等，即“问责载体”；是否有清晰的问责流程、明确的问责规则、畅通的问责渠道、有效的问责手段等，即“问责实施”；是否能及时

① 习近平谈治国理政[M]. 北京：外文出版社，2014：142.

作出问责反馈、回应或处罚等，即“问责后果”。基于此，在三级指标“问责机制”之下设3个四级指标：“问责载体是否完善”“问责实施是否有效”“问责结果是否及时反馈”。

三、法治体系

党的二十大报告强调，“全面依法治国是国家治理的一场深刻革命，关系党执政兴国，关系人民幸福安康，关系党和国家长治久安”。[①] 法律法规是国家治理体系的重要组成部分，也是国家治理体系构建和运行的依据和保障，“全面依法治国”“建设社会主义法治国家”的根本是依法建构和依法运行国家治理体系。“法律法规”，是指约束和规范党、政府、企事业单位、社团组织、公民个人等各类治理主体及治理活动的法律和法规，其核心是以法律的方式明确各类主体的责、权、利边界。在法治体系建设中，必须坚持科学立法、严格执法、公正司法、全民守法。“科学立法”，既要求把公正、公平、公开原则贯穿立法全过程，完善立法体制机制，坚持“立改废释”并举，增强法律法规的及时性、系统性、针对性、有效性；又要求恪守以民为本、立法为民的理念，贯彻社会主义核心价值观，使每一项立法都符合宪法精神、反映人民意志、得到人民拥护。“严格执法”，要求推行政府权力清单制度，划定政府权力边界，规范权力运行流程，坚决消除权力设租寻租空间；建立重大决策审查机制，终身责任追究制度及责任倒查机制；理顺执法体制，推进综

---

① 习近平．高举中国特色社会主义伟大旗帜　为全面建设社会主义现代化国家而团结奋斗[M]．北京：人民出版社，2022：40．

合执法;健全政府内部权力约束、审计监督制度;全面推进政务公开,让人民群众知晓并监督政府。“公正司法”,司法公正对社会公正具有引领作用,司法不公对社会公正具有破坏作用。要求司法独立,确保司法机关独立行使审判权和检查权;司法公正,确保司法机关公正行使审判权和检查权;司法公开,保障人民群众参与司法;司法监督,加强对司法活动的监督;建立检察机关提起公益诉讼制度等。“全民守法”,一是通过普法宣传和法律教育,增长人民群众的法律知识;二是用法律手段公正合理地解决人民群众之间的矛盾和纠纷,切实依法保障群众利益,从而培养人民“有问题,找法律”的法治思维;三是让法律成为群众的信仰,对法律和法治有心悦诚服的认同感和依归感,遵从法律的神圣权威,不去以身试法。基于此,在二级指标“法治体系”之下设 4 个三级指标:“立法体系”“执法体系”“司法体系”“守法机制”。

1. 立法体系

立法是全面依法治国、建设社会主义法治国家的基础和首要环节。科学立法的核心在于尊重和体现客观规律,民主立法的核心在于为了人民、依靠人民。对立法体系的评估有两个维度,一是过程维度,要求科学立法、民主立法、依法立法;二是内容维度,包括法律法规的合理性、合法性、有效性。“合理性”要求法律法规科学、完备、系统、协调;“合法性”要求法律法规符合宪法和法律,坚持党的领导,符合人民意志,得到人民拥护;“有效性”指法律法规具有针对性、时效性、可执行性。基于此,在三级指标“立法体系”之下设 6 个四级指标:“科学立法”“民主立法”“依法立法”“法律法规的合法性”“法律法规的合理性”“法律法规的有效性”。

2. 执法体系

法律的生命在于实施,法律的权威也在于实施。全面推进依法治国的重点应该是保证法律严格实施。习近平同志曾指出,"有了法律不能有效实施,那再多法律也是一纸空文,依法治国就会成为一句空话"[①]。执行法律是法律实施的具体形式,要求严格执法、规范执法、公正执法、文明执法。执法是否严格、规范、公正、文明,直接影响政府的公信力,影响人民群众对党和政府的信任。影响执法效果的因素有许多,主要包括执法主体的执法能力、执法机制、执法监督等。"执法能力"评估包括执法主体(行政执法机关和刑事执法机关)是否健全,执法机构人员编制、经费是否有保障,执法人员是否有较高的职业素养和较强的执法能力等。"执法机制"评估包括是否有明确的执法法规(制度和规范)、权力清单制度、执法程序、重大决策审查机制、执法人员管理制度、执法保障机制等。"执法监督"评估包括执法过程是否公开透明,是否有健全的执法监督机制和约束机制等。基于此,在三级指标"执法体系"之下设3个四级指标:"执法能力""执法机制""执法监督"。

3. 司法体系

司法是维护社会公平正义的最后一道防线。司法公正对社会公正具有引领作用,司法不公对社会公正具有破坏作用。正如培根所说的,"一次不公正的审判,其恶果甚至超过十次犯罪"。"司法公正",是指司法活动及其结果必须体现公平正义原则,使受到侵害者的权利得到保护和救济,违法犯罪活动受到制裁和惩罚。

① 中共中央文献研究室.十八大以来重要文献选编[M].北京:中央文献出版社,2014:717.

司法公正是国家治理现代化的内在要求。如何做到司法公正？一是要做到“依法司法”，完善司法制度和法规，把司法权关在制度的笼子里。司法机关严格按法律、按制度、按程序行使司法权是实现司法公正的首要前提。党的十九大报告指出，要“深化司法体制综合配套改革，全面落实司法责任制，努力让人民群众在每一个司法案件中感受到公平正义”[①]。由于司法活动涉及当事人财产、自由乃至生命的处置，按照“权责统一”原则，司法主体在行使司法权力的同时必须承担相应的责任，对案件办理质量终身负责。二是要健全司法权运行机制，包括完善确保依法独立公正行使审判权和检察权的机制，优化司法职权配置机制，保障人民群众参与机制，加强人权司法保障机制等方面。其中，以优化司法职权配置机制为重点，健全司法权力分工负责、相互配合、相互制约的制度安排。三是要求司法人员具有相应的职业操守和法治信仰，在行使司法权时做到知法、懂法、守法、护法。正如习近平同志所指出的，“司法人员要刚正不阿，勇于担当，敢于依法排除来自司法机关内部和外部的干扰，坚守公正司法的底线……司法人员必须信仰法律、坚守法治，端稳天平、握牢法槌，铁面无私、秉公司法”[②]。四是要求司法独立，破除地方化和行政化的司法桎梏，杜绝领导干部干预司法。我国宪法规定，人民法院、人民检察院依照法律规定独立行使审判权、检察权，不受行政机关、社会团体和个人的干涉。党的十八届四中全会《决定》规定的，“最高人民法院设立巡回法庭，审理跨行政区域重大行政和民商事案件”“探索设立跨行政区划的人民法院和人民检察院”“建立领导干部干预司法活动、插手具体案件处理的记录、通报和责任追究制度”等，这些都是为了保证司法的

① 本书编写组.党的十九大报告辅导读本[M].北京：人民出版社，2017：38.

② 习近平谈治国理政(第二卷)[M].北京：外文出版社，2017：121-122.

独立性。五是要求司法公开,坚持以公开促公正、以透明保廉洁。构建开放、动态、透明、便民的阳光司法机制,推进审判公开、检务公开、警务公开、狱务公开,依法及时公开执法司法依据、程序、流程、结果和生效法律文书,杜绝暗箱操作。鼓励并保障人民群众参与司法调解、司法听证、涉诉信访、人民陪审等司法活动。六是要求司法监督,构建法律监督、社会监督、舆论监督等多维监督机制,要求司法人员做到"以至公无私之心,行正大光明之事",确保司法活动的公平正义。七是完善人权司法保障制度,要进一步规范查封、扣押、冻结、处理涉案财物的司法程序;健全错案防止、纠正、责任追究机制;严禁刑讯逼供、体罚虐待,严格实行非法证据排除规则;健全国家司法救助制度,完善法律援助制度。基于此,在三级指标"司法体系"之下设7个四级指标:"司法制度和法规""司法权运行机制""司法人员职业操守""司法独立机制""司法公开机制""司法监督机制""人权保障机制"。

4. 守法机制

所谓"全民守法",就是任何组织或者个人都必须树立宪法法律至上、法律面前人人平等的法治理念,都必须在宪法法律范围内活动,都要依照宪法法律行使权利、履行义务或职责。全民守法是全面依法治国、建设社会主义法治国家的基础。全民守法有三个层面的要求:一是全民"知法""懂法";二是全民"信法";三是全民"敬法"。因此,构建全民守法机制要从三个方面入手。第一,在科学立法的基础上,通过普法宣传和法律教育,提高公民的法律素养,做到全民"知法""懂法"。第二,严格法律实施,真正做到有法必依、执法必严、违法必究,党和政府的领导干部带头守法,政法工作队伍严格执法、公正司法,用法律手段解决人民群众之间的矛盾和纠纷，法律面前人人平等，让每一个司法案件都能让人民群众感受到公平正义，从而增强人民群众对党和政府的信任、对法律的信心，最终培养其对法律的信仰，养成"有问题，找法律"，从而避免"信访不信法、信闹不信法"等问题。第三，强化法律的强制性和威慑力，增加违法成本和加强守法激励，让人产生对法律的敬畏之心，遵从法律的神圣权威，发自内心地不愿意违法，也不敢以身试法。基于此，在三级指标"守法机制"之下设 3 个四级指标："普及法律知识""培育法律信仰""强化法律权威"。

四、体系协同

体系协同是指国家治理体系各子系统内部各要素的协同性和子系统之间的协同性，包括制度体系协同性、体制机制协同性、法治体系协同性，以及这三者之间的协同性。基于此，在二级指标"体系协同"之下设 4 个三级指标："制度体系协同性""体制机制协同性""法治体系协同性""治理体系总体协同性"。

1. 制度体系协同性

制度体系协同性，是指在中国特色社会主义制度体系中各层级、各方面制度的协调一致、协同作用，包括上下协同、左右协同、内外协同、前后协同。其中，"上下协同"有两层含义，一是国家根本制度、基本制度、重要制度与一般制度之间的协同性，二是国家、中央制度与地方、部门制度之间的协同性。"左右协同"是指同一层级各项制度之间的协同性。"内外协同"是指地方、部门制度与其相关的地方、部门制度的协同性。“前后协同”是指先制定的制度与后制定的制度之间的协同性。基于此，在三级指标“制度体系协同性”之下设4个四级指标：“制度的上下协同性”“制度的左右协同性”“制度的内外协同性”“制度的前后协同性”。

2. 体制机制协同性

“体制机制”主要是指制度、政策和措施的运行机制，包括决策机制、执行机制、监督机制、问责机制等。体制机制协同性是指制度、政策和措施在决策、执行、监督、问责各环节的协同性。基于此，在三级指标“体制机制协同性”之下设1个四级指标，即“体制机制各环节（决策、执行、监督、问责）之间的协同性”。

3. 法治体系协同性

法律法规包括国家法律、行政法规、地方法规、部门规章和其他具有法律效力的规范性文件等。法律法规的协同性包括两个方面：一是各层级、各方面法律法规之间的协同性；二是法治体系在立法、执法、司法、守法各环节之间的协同性。基于此，在三级指标“法治体系协同性”之下设2个四级指标：“法律法规之间的协同性”“法治体系各环节（立法、执法、司法、守法）之间的协同性”。

4. 治理体系总体协同性

虽然制度的制定和执行首先要合法，法律法规的制定和实施也离不开相应的制度，但是从国家治理体系角度来看，仍然存在制度体系和法治体系之间的协同性问题。基于此，在三级指标“治理体系总体协同性”之下设1个四级指标：“制度体系、体制机制和法治体系之间的协同性”。

基于上述分析，中国国家治理体系评估指标体系如表5-1所示。

表5-1　中国国家治理体系评估指标体系(T2)

一级指标	二级指标	三级指标	四级指标	指标编号
国家治理体系评估(A)	制度体系(a)	制度合法性(1)	制度与宪法和法律的一致性	A1
			制度与人民意志和利益的一致性	A2
		制度完备性(2)	制度要素完备性	A3
			制度体系完备性	A4
		制度科学性(3)	制度合规律性	A5
			制度合现实性	A6
		制度有效性(4)	制度执行率	A7
			制度执行成效	A8
	体制机制(b)	决策机制(1)	科学决策	A9
			民主决策	A10
			依法决策	A11
		执行机制(2)	执行要素	A12
			执行流程	A13
			执行规则	A14
			执行过程监管	A15
		监督机制(3)	监督的制度化程度	A16
			群众监督机制	A17
			新闻、舆论监督机制	A18
		问责机制(4)	问责载体是否完善	A19
			问责实施是否有效	A20
			问责结果是否及时反馈	A21

续表

一级指标	二级指标	三级指标	四级指标	指标编号
国家治理体系评估（A）	法治体系（c）	立法体系（1）	科学立法	A22
			民主立法	A23
			依法立法	A24
			法律法规的合法性	A25
			法律法规的合理性	A26
			法律法规的有效性	A27
		执法体系（2）	执法能力	A28
			执法机制	A29
			执法监督	A30
		司法体系（3）	司法制度和法规	A31
			司法权运行机制	A32
			司法人员职业操守	A33
			司法独立机制	A34
			司法公开机制	A35
			司法监督机制	A36
			人权保障机制	A37
		守法机制（4）	普及法律知识	A38
			培育法律信仰	A39
			强化法律权威	A40
	体系协同（d）	制度体系协同性（1）	制度的上下协同性	A41
			制度的左右协同性	A42
			制度的内外协同性	A43
			制度的前后协同性	A44

续表

一级指标	二级指标	三级指标	四级指标	指标编号
国家治理体系评估(A)	体系协同(d)	体制机制协同性(2)	体制机制各环节(决策、执行、监督、问责)之间的协同性	A45
		法治体系协同性(3)	法律法规之间的协同性	A46
			法治体系各环节(立法、执法、司法、守法)之间的协同性	A47
		治理体系总体协同性(4)	制度体系、体制机制和法治体系之间的协同性	A48

第六章

中国国家治理能力评估指标体系

国家治理能力评估，主要是对国家治理各主体运用国家制度和治理体系管理国家和社会各方面事务的能力进行评估，包括党的领导能力、政府履职能力、市场调节能力、社会参与能力、多元主体协同能力和科技支撑能力。

一、党的领导能力

党的十九大报告指出，“要提高党把方向、谋大局、定政策、促改革的能力和定力，确保党始终总揽全局、协调各方”，确保党在人大、政府、政协、监察机关、审判机关、检察机关、武装力量、人民团体、企事业单位、基层群众性自治组织、社会组织等组织中发挥领导和协调作用，确保党在统筹推进“五位一体”总体布局、协调推进“四个全面”战略布局各项事业中发挥领导和协调作用，确保党在各级党和国家机构履职尽责过程中发挥领导和协调作用。对“党的领导能力"的评估，一是对各级各类党组织是否健全进行评估；二是对各级国家机关、各企事业单位、各群团组织落实党的全面领导的体制机制进行评估；三是对各级党组织履行"把方向、谋大局、定政策、促改革"等领导职责进行评估。基于此，在二级指标"党的领导能力"之下设3个三级指标："党的组织体系和干部队伍""党全面领导的体制机制""党全面领导的履职能力"。

1. 党的组织体系和干部队伍

为坚持和加强党的全面领导，必须健全党的组织体系。根据党章规定，党的组织体系包括党的中央组织、地方组织和基层组织。党的中央组织除了党的中央委员会以外，还包括中央有关部委和国家机关部门党组(党委)；党的地方组织是指中国共产党的省(自治区、直辖市)委员会、市(地、州、盟)和县(市、区、旗)委员会；党的基层组织是指企业、农村、机关、学校、科研院所、街道社区、社会组织、人民解放军连队和其他基层单位的党委(党总支、党支部)等。党的全面领导，意味着党的工作进展到哪里，党的组织就覆盖到哪里。根据党章规定，各基层单位凡是有三个以上正式党员的，就应当建立党的基层组织。党的全面领导能力不仅取决于党的组织体系的健全，还取决于高素质干部队伍。党的十九届四中全会决定对领导干部应增强的本领提出了要求，"促进各级领导干部增强学习本领、政治领导本领、改革创新本领、科学发展本领、依法执政本领、群众工作本领、狠抓落实本领、驾驭风险本领，发扬斗争精神，增强斗争本领"[①]。可见，党的干部队伍的素质和能力是影响党的领导能力的重要因素。基于此，在三级指标"党的

---

① 本书编写组.党的十九届四中全会《决定》学习辅导百问[M].北京：党建读物出版社，2019：7.

组织体系和干部队伍"之下设2个四级指标:"党的组织体系完善程度""党的干部队伍素质高低"。

2. 党全面领导的体制机制

坚持党的全面领导,必须健全相应的体制机制。首先,要有党的路线方针政策的贯彻落实机制,党中央作出的决策部署,全党全国都必须坚决贯彻落实,坚持党的组织原则,维护党中央的权威和党的集中统一领导,维护党总揽全局、协调各方的领导核心地位。其次,各级党委(党组)要有健全的工作制度,重大事项("三重一大"等)按照集体领导、民主集中、会议决定的原则,由党的委员会集体讨论作出决定,确保党在国家机关、事业单位、群团组织、社会组织和其他组织中发挥领导作用。再次,各级党委(党组)要有健全的巡视和巡察制度,对所属地方、部门、企事业单位和其他组织的党组织实现巡视、巡察全覆盖。最后,各级党组织还必须严格执行请示报告制度。基于此,在三级指标"党全面领导的体制机制"之下设4个四级指标:"党的路线方针政策的贯彻落实机制""各级党委(党组)的工作机制""各级党委(党组)的巡视(巡察)制度""各级党委(党组)的请示报告制度"。

3. 党全面领导的履职能力

党的领导能力具体表现在把方向、谋大局、定政策、促改革、抓动员等方面的能力。其中,"把方向"就是举旗定向,高举中国特色社会主义伟大旗帜,坚持习近平新时代中国特色社会主义思想的指导,在大是大非面前旗帜鲜明,在大风大浪面前头脑清醒,始终坚定正确的政治方向。把方向的能力就是"把握政治方向的能力"。"谋大局"就是战略布局,根据国际国内形势制定战略规划和发展目标，即观大势、谋大事。对地方和部门党委（党组）而言，一方面要有大局意识，向党中央看齐，使地方和部门的发展服从于国家大局；另一方面要善于制定本地区本部门的战略规划和发展目标。谋大局的能力就是"制定战略规划能力"。"定政策"就是作出决策，即科学、民主、依法制定切实可行的政策措施。定政策的能力就是"科学民主依法决策能力"。"促改革"就是通过全面深化改革促进经济社会全面发展。促改革的能力就是"改革创新能力"。"抓动员"就是注重组织建设和社会动员，调动各方面积极性，集中力量办大事。抓动员能力就是"组织动员和协调能力"。基于此，在三级指标"党全面领导的履职能力"之下设5个四级指标："把握政治方向的能力""制定战略规划的能力""科学民主依法决策能力""改革创新能力""组织动员和协调能力"。

二、政府履职能力

马克思主义认为，"政府是统治阶级为了维护自己的阶级利益，以暴力机构为后盾，镇压被统治阶级的反抗，维护社会公共秩序，管理社会公共事务的公共权力组织"[①]。政府的主要职能是政治统治、社会管理和公共服务。政府履职能力则是政府履行职责的能力，即政府依法行使国家权力，制定并执行政策，实施社会管理和公共服务的能力。虽然中央政府和各级地方政府在职能上不完全相同，但基本上都包括经济、政治、文化、社会、生态等各方面

① 中共中央马克思恩格斯著作编译局.马克思恩格斯选集（第四卷）[M].北京：人民出版社，1972:167.

应由政府承担的职责,例如经济调节、市场监管、公共安全、社会稳定、保障和改善民生、公共服务、生态环境保护等职能,政府履职能力也可以理解为政府行政能力或在上述各方面的履职尽责能力。基于此,在二级指标“政府履职能力”之下设6个三级指标:“政府行政能力”“经济建设能力”“政治发展能力”“文化建设能力”“社会建设能力”“生态文明建设能力”。

1. 政府行政能力

行政能力是指国家行政机关依法管理国家和社会公共事务的能力,包括公共政策主体能力、资源汲取及配置能力、提供公共产品和公共服务的能力、危机应对能力、行政组织体系完善程度及公务员行政职业能力等。基于此,在三级指标“政府行政能力”之下设5个四级指标:“公共政策主体(制定、执行政策及监督)能力”“资源汲取及配置能力”“提供公共产品和公共服务的能力”“危机应对能力”“行政组织体系完善程度及公务员行政职业能力”。

2. 经济建设能力

中国特色社会主义经济建设的目标是建设社会主义市场经济。社会主义的核心价值是公平和正义,要求经济社会发展保持总体平衡、协调和稳定;市场经济的核心价值是利益和效率,要求遵循价值规律,发挥市场在资源配置中的决定性作用。二者的结合要求在效率和公平之间保持一定的张力,既要注重市场调节,又要强调国家宏观调控。政府在经济建设中的职能主要通过行政手段、法律手段和经济手段对经济进行宏观调控。对此,党的十八届三中全会决定指出,“政府的职责和作用主要是保持宏观经济稳定,加强和优化公共服务,保障公平竞争,加强市场监管,维护市场秩序，推动可持续发展，促进共同富裕，弥补市场失灵”。政府对经济的宏观调控能力主要表现在以下几个方面：一是经济制度建设和经济体制改革，包括社会主义市场经济的基本经济制度、生产资料所有制、分配制度，以及经济宏观调控方面的法律法规；二是制定国民经济和社会发展中长期规划，避免市场经济的短期效应，确保经济可持续发展；三是制定宏观经济政策，包括产业政策、财政政策、货币政策、税收政策、信贷政策、价格政策等，以确保社会总供给与总需求的基本平衡、物价稳定、收入分配平衡、国际收支平衡等，从而保证宏观经济稳定；四是发展国有经济和国计民生重大产业，保障民生和社会稳定；五是营造良好的营商环境，打击垄断和违法经营，维护市场秩序，保障公平竞争。基于此，在三级指标“经济建设能力”之下设 5 个四级指标：“经济建设的制度供给能力”“制定国民经济和社会发展规划的能力”“宏观经济政策制定和执行能力”“在国有经济和国计民生领域的主导能力”“市场服务和市场监管能力”。

3. 政治发展能力

中国特色社会主义政治发展的目标是建设社会主义民主政治。社会主义民主政治是党的领导、人民当家作主和全面依法治国的有机统一。其中，党的领导是通过“政治统治”来实现的，即在人民民主专政这一根本政治制度下对人民实行民主，对敌人实行专政，从而维护人民的利益。人民当家作主就是通过一系列民主制度保障人民参与管理国家和社会事务的民主权利，实现全过程人民民主。全面依法治国就是健全社会主义法治，要求党要依法执政、政府要依法行政，绝不允许以言代法、以权压法、逐利违法、徇私枉法。从过程来看，政治发展的主要任务就是健全政治发展的制度政策、体制机制和法律法规。当然,政治发展还有一个重要的前提,那就是维护国家安全和政治稳定。基于此,在三级指标“政治发展能力”之下设5个四级指标:“政治统治能力”“政治发展的制度供给能力”“民主建设能力”“法治建设能力”“维护国家安全和政治稳定的能力”。

4. 文化建设能力

文化建设是中国特色社会主义建设事业的重要组成部分,政府对文化建设负有重要领导责任。一是健全文化建设的制度政策、体制机制和法律法规,使文化事业和文化产业在制度范围内且在法治轨道上发展,同时通过制度供给牢牢掌握文化领导权,坚持马克思主义在意识形态领域的主导地位,坚持文化发展以人民为中心的理念,坚定文化发展的正确方向,维护国家文化安全。二是负责文化建设的财政投入和文化基础设施建设。三是健全文化建设机构和队伍,提升文化管理和文化建设人员的素质。基于此,在三级指标“文化建设能力”之下设3个四级指标:“文化建设的制度供给能力”“文化建设财政投入和文化基础设施建设能力”“文化机构建设和队伍建设能力”。

5. 社会建设能力

政府的职能除了政治统治之外,社会管理和公共服务也很重要。其中,社会管理职能就是指本节的“社会建设”,是与政治、经济、文化、生态并列的“五位一体”中的“社会”。学术界和社会上对“社会建设”有多种理解,一是把社会建设理解为社会组织、社会工作者自发或实验性地开展“社会建设工作”;二是把社会建设理解为“城管”视野下的社会管理;三是把社会建设理解为狭义的社会治理，即“秩序”维度的“社会治安综合治理”。这三种理解总体上都是社会建设的范畴，但都不完整。从社会建设主体来看，是“党委领导、政府负责、民主协商、社会协同、公众参与”，其中“政府”负主要责任，而不只是社会组织、社会工作者或志愿者的责任；从社会建设任务来看，涵盖增进和改善民生的方方面面，不只是秩序维度的平安、和谐、稳定，还包括活力维度建设、发展、富裕等；从社会建设目标来看，不只是让人民群众有安全感，还要让人民群众有获得感，既有安全感，又有获得感，才会有幸福感。政府能力在社会建设方面主要包括制定并执行相关的制度政策、体制机制和法律法规，组织协调各方面社会力量参与社会建设，促进社会发展，增进和改善民生，维护社会稳定等。基于此，在三级指标“社会建设能力”之下设 4 个四级指标：“社会建设的制度供给能力”“组织动员和协调各方面力量参与社会建设的能力”“增进和改善民生的能力”“维护社会稳定的能力”。

6. 生态文明建设能力

建设美丽中国是实现中华民族伟大复兴中国梦的重要内涵，建设生态文明是中华民族永续发展的千年大计。党的二十大报告也强调，中国式现代化是人与自然和谐共生的现代化，因此，中国政府应肩负起生态文明建设的主体责任。一是健全生态文明建设的制度政策、体制机制和法律法规，其中，“制度”包括生态环境保护制度、资源高效利用制度、生态保护和修复制度、生态环境保护责任制等。二是加大政府资金投入和政策扶持力度，确保生态修复、环境保护、生态环保科技创新、产业转型升级等方面有相应的资金和政策支持。三是加强生态环保方面的机构建设及干部队伍建设，强化政府主体责任并落实领导干部生态环保责任制，健全机构、编制及人员，提升干部队伍生态文明建设能力。四是加大生态环保监督和执法力度，严厉打击生态环境破坏方面的违法行为。基于此，在三级指标“生态文明建设能力”之下设4个四级指标：“生态文明建设的制度供给能力”“生态环保领域的资金投入和政策支持能力”“生态环保机构和干部队伍素质”“生态环保领域的监督和执法能力”。

三、市场调节能力

市场调节能力，又叫市场的资源配置能力，是指市场主体在一定的市场环境中通过市场机制的正常运行发挥市场在资源配置中决定性作用的能力。资源的合理配置，一方面是追求社会福利最大化，即“帕累托最优”；另一方面是避免“市场失灵”。

导致市场失灵的原因是多方面的。一是市场逐利性原则促使市场主体追求自身收益最大化而忽视社会收益，从而导致垄断或市场失序。垄断使市场失去竞争性和公平性，生产者只需操纵价格便能获取高额利润，从而失去技术创新、提高产品和服务质量、降低成本的动力，而消费者为维持成本只能选择质量偏低或数量偏少的产品或服务，从而影响福利消费水平。而市场失序，则是市场主体不遵守相关法律、市场规则和契约，通过扰乱市场、投机倒把等手段获取利益，自然也会损害其他市场主体或消费者的权益。

二是外部性因素，即市场机制之外的因素导致市场主体的经济行为对其他主体的影响，包括正向影响和负向影响。其中正向影响是指市场主体的经济行为导致其自身的边际收益小于社会总的边际收益；负向影响是指市场主体的经济行为导致其自身的边际成本小于社会总的边际成本。无论是正向影响还是负向影响，都在一定程度上破坏了市场公平竞争的原则，从而导致市场失灵。

三是公共物品的非竞争性和非排他性使市场的竞争机制失灵。所谓公共物品，是指公共消费的物品，即某一消费者对它的消费不排斥其他消费者同时消费，增加一个消费者也不会降低其他消费者的消费水平，甚至消费者无须付出代价就能获得该物品的效用。这种非竞争性和非排他性导致消费者付出极少的机会成本甚至零成本，而生产者则获得极少的收益甚至零收益，从而影响生产者的积极性既而导致公共物品供给不足，最终影响社会福利。

四是信息不充分或不对称导致不公平的市场竞争。往往卖方掌握更多的信息，他们不仅可以通过出售信息获利，而且通过虚高价格或以次充好获利，这不利于产品或服务的质量提升，也违背了市场公平原则，使市场失灵。

要避免上述“市场失灵”的现象，离不开政府的约束或调控。对于垄断问题，政府必须制定反垄断法严厉打击非法垄断行为，通过税收、价格、货币等政策抑制价格垄断。对于外部性问题，政府应加强市场监管，对正向外部性主体给予奖励或补贴，对负向外部性主体征收费用或处罚，从而维持社会总边际收益和边际成本的平衡。对于公共物品问题，政府必须通过财政补贴、税收或价格杠杆支持公共物品和公共服务企业，或直接由政府承担公共物品和公共服务供给。对于信息不充分或不对称问题，政府应为信息畅通创造渠道，同时完善相关法规、加强市场监管，打击通过蒙蔽信息扰乱市场秩序的行为。为了避免“市场失灵”，还必须要求市场主体的成熟、市场体系和市场机制的完善以及良好的市场环境。基于上述论述，在二级指标“市场调节能力”之下设3个三级指标：

“市场主体的能力”“市场体系的功能”“市场机制的作用”。

1. 市场主体的能力

市场主体是指参与市场活动的组织和个人，包括产品或服务的提供者和消费者，包括政府、企业、事业单位、其他组织和居民个人等。市场主体的能力是指各市场主体参与市场活动的能力，包括契约精神，即遵纪守法、尊重规则、诚实守信方面的能力，还包括责任意识，即权责分明、自主经营、自负盈亏的能力等。基于此，在三级指标“市场主体能力”之下设 2 个四级指标：“契约精神(遵纪守法、尊重规则、诚实守信能力)”“责任意识(权责分明、自主经营、自负盈亏能力)”。

2. 市场体系的功能

根据结构功能主义(structural functionalism)理论，社会整体功能取决于组织化和系统化的社会结构，即系统结构是整体功能的基础。完善的市场体系，是市场经济成熟的重要标志，也是市场调节能力的重要源泉。所谓“市场体系”，是各级各类市场有机组合而构成的市场系统，除了消费领域的商品和服务市场外，还包括生产领域的要素市场，包括金融市场、劳动力市场、技术市场、信息市场、产权交易市场等。构建系统完备、竞争有序的市场体系，让资源在市场体系各领域各环节自由流动，是发挥市场在资源配置中的决定性作用的前提。基于此，在三级指标“市场体系的功能”之下设 2 个四级指标：“市场体系的完整性和统一性”“市场体系的竞争性和有序性”。

3. 市场机制的作用

市场机制是通过自由竞争和自由交换来实现资源配置的机制，包括市场供求机制、竞争机制、价格机制、风险机制等要素。市场机制是市场经济规律的实现形式，“供求关系”决定价格，当“供过于求”时，因为生产和流通领域的竞争导致价格下降，既而导致产品收益下降，为了降低风险，资源会流出该领域。反之，当“供不应求”时，因为消费领域的竞争导致价格上涨，既而导致产品收益增加，于是资源又会流入该领域。这就是所谓的“完全竞争市场”模型，能有效配置资源，并解决经济学中“生产什么、生产多少、如何生产、为谁生产”的中心问题。然而在现实中，“完全竞争市场”只是一种抽象和理性的假设。由信息不对称、外部性因素、“交易费用”、垄断行为等导致市场主体选择权受限，从而导致“竞争”和“价格”不能真实反映供求状态，市场对资源的配置就可能出现失误，最终导致市场秩序失衡。解决市场秩序失衡问题有两个途径：一是亚当·斯密所强调的“有效竞争”；二是“非均衡市场理论”强调的产权、契约、规则等外在的制度保障。基于此，在三级指标“市场机制的作用”之下设 2 个四级指标：“市场竞争机制”“市场约束机制”。

四、社会参与能力

社会参与即“社会力量参与”，其主体是除政府及公职人员以外的公众个体及其组织或团体。社会参与的核心是“公民参与”，是指公民个人或组织为实现民主政治、公共利益、公民权利等通过各种制度化的方式参与公共事务管理。社会参与是党的根本路线"群众路线"的重要体现。中国共产党百年历史证明,"一切为了群众、一切依靠群众,从群众中来、到群众中去"的群众路线是党和国家事业的生命线。当前,推进国家治理现代化是关系人民幸福和民族振兴的光辉事业,当然也必须依靠广大人民群众贡献智慧和力量。社会参与是"政治民主"价值的重要体现。党的十九大报告强调:"扩大人民有序政治参与,保证人民依法实行民主选举、民主协商、民主决策、民主管理、民主监督……完善基层民主制度,保障人民知情权、参与权、表述权、监督权"①;"加强协商民主制度建设,形成完整的制度程序和参与实践,保证人民在日常政治生活中广泛持续深入参与的权利"②。美国政治学者科恩曾指出,"如果一个社会不仅准许普遍参与而且鼓励持续、有力、有效并了解情况的参与,而且事实上实现了这种参与并把决定权留给参与者,这种社会的民主就是既有广度又有深度的民主"③。社会参与也是社会治理的必然要求。党的十九大报告指出,"加强社会治理制度建设,完善党委领导、政府负责、社会协同、公众参与、法治保障的社会治理体制"④;党的十九届四中全会进一步强调,"建设人人有责、人人尽责、人人享有的社会治理共同体,确保人民安居乐业、社会安定有序,建设更高水平的平安中国"⑤。其中的"社会协同、公众参与""人人有责、人人尽责、人人享有"等,都是对社会参与的要求。"社会参与能力",是指各社会主体(公众个体、组织或团体)参

---

① 本书编写组.党的十九大报告辅导读本[M].北京:人民出版社,2017:36.

② 本书编写组.党的十九大报告辅导读本[M].北京:人民出版社,2017:37.

③ 科恩.论民主[M].聂崇信,朱秀贤,译.北京:商务印书馆,1988:22.

④ 本书编写组.党的十九大报告辅导读本[M].北京:人民出版社,2017:48.

⑤ 本书编写组.党的十九届四中全会《决定》学习辅导百问[M].北京:党建读物出版社,2019:22.

与公共事务管理的能力，包括公民的参与意识和参与能力、公民参与的载体、公民参与的渠道和方式、公民参与的法律和制度保障等。基于此，在二级指标"社会参与能力"之下设4个三级指标："公民参与意识和参与能力""公民参与载体""公民参与渠道""公民参与的法治保障"。

1. 公民参与意识和参与能力

公民参与意识，是指公民对其参与权利和参与行为的自觉意识，包含参与认知（什么是参与）、参与动机（为什么要参与）、参与态度和情感（积极参与或消极参与）等心理要素的总称。只有当公民意识到参与是一种权利和义务，是体现自己地位和维护自身利益的途径，是维护公共秩序和公共利益的手段时，他们才会有强烈的参与意识并积极投身于参与实践。同样，经常持续有效的参与又会使"参与"成为一种生活习惯、一种行为方式、一种普遍的信仰，从而又强化了公民的参与意识。参与意识强，则参与的频率、信度和效度都会增强。因此，对于社会参与能力的评估，"公民参与意识"是其首要方面。

此外，有效的参与还取决于参与主体的参与能力。一是要有相关的专业知识。从参与的内容看，包括立法、行政、司法以及社会治理、社区治理等公共领域；从参与的形式看，包括民主选举、民主决策、民主管理、民主监督等。这就要求参与者必须具有法律、行政、管理等方面的知识。二是要有足以胜任参与的学力水平，因为任何参与途径都涉及相应的参与程序和规则，公民必须能理解并适应这些程序和规则。当然，参与能力还包括参与者的个体经验及其在参与各方面各环节的创新能力等。基于此，在三级指标"公民参与意识和参与能力"之下设2个四级指标："公民参与意识”“公民参与能力”。

2. 公民参与载体

社会组织是公民参与公共事务的重要载体和平台。由于公民个体的智识和能力局限，往往需要通过群体的智慧和力量以及组织化程序化的途径来行使权利、维护利益、表达意志、维持秩序等，于是各种各样的社会组织应运而生。这是代议制政治的生成逻辑，在市场经济条件下因市场主体多元化和利益格局分化，这种代议制形式便延伸到除政治之外的其他方面。社会组织有广义和狭义之分，广义的社会组织是指一切人类组织，狭义的社会组织则是指除政治组织（政府）和经济组织（企业）之外的组织，因而被称为“第三部门”，又叫“民间组织”或“非政府组织”。

本书所述作为公民参与载体的社会组织是指狭义的社会组织，包括各种行业协会、公益组织、基金会、社区组织、自治组织、同人团体、互助组织、兴趣组织等。社会组织是连接公民与政府的纽带，是公民参与公共事务的平台。国家治理现代化内在地要求政府与社会协同，发挥社会组织在保障公民权益、扩大公民参与、反映公民诉求、调解社会矛盾、汇聚公众力量、建设公共空间、维护公共利益、推动共同发展等方面的积极作用。社会组织能否充分发挥作用取决于社会组织的发育程度，包括社会组织的数量、覆盖面、代表性等，也取决于社会组织的行动能力，包括社会组织的代表（个人或团体）的议事决策能力、沟通能力、组织能力、法治素养和业务能力等。基于此，在三级指标“公民参与载体”之下设 2 个四级指标：“社会组织发育程度”“社会组织行动能力”。

3. 公民参与渠道

公民参与的内容包括行使权利、提出意见和建议、表达利益诉求、维护公共利益等，针对不同的内容有不同的参与渠道。其中，行使民主权利主要包括民主选举、民主决策、民主管理、民主监督等，此类参与在立法、行政、司法方面都有相关的法律和制度，包括投票、听证会、陪审会等。对于提出意见和建议，通常是基于信息公开、公告、公示、论证会、调研、专家咨询等渠道搜集公民的意见和建议。对于维权、表达利益诉求和维护公共利益，则主要是通过信访、举报、舆论监督等渠道。上述公民参与渠道分为制度性渠道和非制度性渠道、公开渠道和隐匿渠道、线上渠道和线下渠道等。从"公民参与能力"角度评估，主要是看参与渠道是否完善和畅通、各渠道的参与是否真实有效。基于此，在三级指标"公民参与渠道"之下设2个四级指标："公民参与渠道是否完善而畅通""公民参与渠道是否真实而有效"。

4. 公民参与的法治保障

公民参与的法治保障是指公民参与的法治化、制度化。法律和制度代表国家意志，具有普遍效力，因其正义性、稳定性、强制性和可诉性，能保障公民参与的权利，也能约束公民参与行为。公民参与的法治化和制度化包括两个方面：一是以法律和制度的形式规定公民参与公共事务的权利和义务，例如选举制度、协商制度、信息公开制度、听证制度、信访制度等；二是以法律和制度的形式规定公民参与的内容、方式、程序等，例如参与立法过程中的法案提出、法律条文审议、最终立法表决等，司法参与中的陪审员制相关流程等，行政参与方面的决策、执行、监督等。

目前，《宪法》《立法法》《行政法规制定程序条例》《规章制定程序》《行政法规制定程序条例》和《规章制定程序》等法律和法规对公民参与的权利及参与的内容和程序等都有适当的规定。对“公民参与法治保障”的评估主要是看接受评估的地方或部门对相关法律的实施情况，以及是否根据实际情况有相应的立法或法律修订。基于上述分析，在三级指标“公民参与的法治保障”之下设 2 个四级指标：“公民参与是否有法定的权利和义务”“公民参与是否有法定的程序和规范”。

五、多元主体协同能力

党的十九届四中全会强调，“必须加强和创新社会治理，完善党委领导、政府负责、民主协商、社会协同、公众参与、法治保障、科技支撑的社会治理体系”[1]。这是对社会治理多元主体的职能及相互关系的要求，由于社会治理是国家治理的重要组成部分，因而这也是对国家治理多元主体的职能及相互关系的要求。要求明确党委、政府、市场、社会力量、公民个人等国家治理多元主体的权责关系，建构一套多元主体协同机制，从而增强国家治理多元主体的

① 本书编写组.党的十九届四中全会《决定》学习辅导百问[M].北京:党建读物出版社,2019:22.

协同能力。基于此,在二级指标“多元主体协同能力”之下设 2 个三级指标:“多元主体权责关系”“多元主体协同机制”。

1. 多元主体权责关系

多元主体协同治理的前提是明确各主体的法律地位,即各自的权利和义务关系。对国家治理多元主体权责关系的评估,重点在于考察是否以法律法规、规章制度等形式规定了党委、政府、市场、社会、公民个人在国家治理实践活动各自地位和相互关系,是否制定并严格执行了“权力清单”“责任清单”“负面清单”,让每一类主体都清楚地知道哪些能做、哪些不能做、哪些必须做,真正确保多元主体各就其位、各司其职。基于此,在三级指标“多元主体权责关系”下设 3 个四级指标:“各主体权力清单”“各主体责任清单”“各主体负面清单”。

2. 多元主体协同机制

“利益”是个体和组织存续的基础,“共识”是多元主体协同共治的前提。“共识”的核心是“利益共识”,即通过平等协商、正向博弈,在保障多元主体各自利益的基础上,追求公共利益最大化。因此,多元主体协同机制首要的是“利益协调机制”。此外,必须建构起多元主体协同共治的运作机制,包括资源配置、信息共享、优势互补、分工协作、民主协商、平等竞争、市场运作等机制。基于此,在三级指标“多元主体协同机制”之下设 2 个四级指标:“多元主体的利益协调机制”“多元主体的分工协作机制”。

六、科技支撑能力

科学技术现代化是国家治理现代化的重要内涵，也是国家治理现代化的重要支撑。马克思曾指出，“社会劳动生产力，首先是科学的力量”。早在20世纪60年代，中国提出了“四个现代化”目标，其中就包含“科学技术现代化”。1988年，邓小平同志提出了“科学技术是第一生产力”的论断。习近平同志指出，“我们比以往任何时候都更加需要强大的科技创新力量。党的十八大作出了实施创新驱动发展战略的重大部署，强调科技创新是提高社会生产力和综合国力的战略支撑，必须摆在国家发展全局的核心位置”[①]，“只有把核心技术掌握在自己手中，才能真正掌握竞争和发展的主动权，才能从根本上保障国家经济安全、国防安全和其他安全”[②]。这些论述都表明，科学技术在推动国家治理现代化中的重要地位和作用。在经济、政治、文化、社会、生态等国家治理各方面都有赖于科学技术的发展和应用，政府、市场、社会等国家治理各主体的能力也体现在科学技术的创新能力和科技成果的应用能力。基于此，在二级指标“科技支撑能力”之下设2个三级指标：“科技创新能力”“科技成果转化应用能力”。

1. 科技创新能力

创新是第一动力，人才是第一资源。“创新人才”是创新的第

① 习近平谈治国理政[M].北京：外文出版社，2014：119.

② 习近平谈治国理政[M].北京：外文出版社，2014：122.

一要素，科技队伍的数量和素质是科技创新能力的基础性指标。科研队伍的评估包括高等院校、科研机构的数量、科技工作者人数、高层次研究人才数量、在校大学生人数等。科技创新还取决于有相应的机制，包括R&D投入（对国家或地方而言R&D投入占GDP的比重和占财政支出的比重，对企业而言R&D投入占总收入的比例等）、鼓励科技创新的政策、科技创新激励机制等。科技创新能力还直接体现在发明专利申请数量、专利授权数量、每万人口专利拥有量、重大科技成果登记数量等指标上。基于此，在三级指标“科技创新能力”之下设3个四级指标：“科技创新队伍”“科技创新机制”“科技创新成果”。

2. 科技成果转化应用能力

科技成果转化应用能力首先取决于科技成果转化机制。国家和地方政府出台相关法规和条例，健全科技成果交易市场，建立科技成果转化服务体系、激励机制等。其次，评价科技成果转化能力还要看相关数据，包括“技术合同成交量和成交额”“专利实施率和专利产业化率”等。此外，从国家治理现代化角度看，还要评估大数据、人工智能、物联网、区块链、5G等先进科技在国家治理各领域的应用情况。基于此，在三级指标“科技成果转化应用能力”之下设3个四级指标：“科技成果转化机制”“科技成果转化率”“国家治理科学化水平”。

基于上述分析，中国国家治理能力评估指标体系如表6-1所示。

表 6-1 中国国家治理能力评估指标体系(T3)

一级指标	二级指标	三级指标	四级指标	指标编号
国家治理能力评估(B)	党的领导能力(a)	党的组织体系和干部队伍(1)	党的组织体系完善程度	B1
			党的干部队伍素质高低	B2
		党全面领导的体制机制(2)	党的路线方针政策的贯彻落实机制	B3
			各级党委(党组)的工作机制	B4
			各级党委(党组)的巡视(巡察)制度	B5
			各级党委(党组)的请示报告制度	B6
		党全面领导的履职能力(3)	把握政治方向的能力	B7
			制定战略规划的能力	B8
			科学民主依法决策能力	B9
			改革创新能力	B10
			组织动员和协调能力	B11
	政府履职能力(b)	政府行政能力(1)	公共政策主体(制定、执行政策及监督)能力	B12
			资源汲取及配置能力	B13
			提供公共产品和公共服务的能力	B14
			危机应对能力	B15
			行政组织体系完善程度及公务员行政职业能力	B16
		经济建设能力(2)	经济建设的制度供给能力	B17
			制定国民经济和社会发展规划的能力	B18
			宏观经济政策制定和执行能力	B19
			在国有经济和国计民生领域的主导能力	B20
			市场服务和市场监管能力	B21
		政治发展能力(3)	政治统治能力	B22
			政治发展的制度供给能力	B23
			民主建设能力	B24
			法治建设能力	B25
			维护国家安全和政治稳定的能力	B26

续表

一级指标	二级指标	三级指标	四 级 指 标	指标编号
国家治理能力评估(B)	政府履职能力(b)	文化建设能力(4)	文化建设的制度供给能力	B27
			文化建设财政投入和文化基础设施建设能力	B28
			文化机构建设和队伍建设能力	B29
		社会建设能力(5)	社会建设的制度供给能力	B30
			组织动员和协调各方面力量参与社会建设的能力	B31
			增进和改善民生的能力	B32
			维护社会稳定的能力	B33
		生态文明建设能力(6)	生态文明建设的制度供给能力	B34
			生态环保领域的资金投入和政策支持能力	B35
			生态环保机构和干部队伍素质	B36
			生态环保领域的监督和执法能力	B37
	市场调节能力(c)	市场主体的能力(1)	契约精神(遵纪守法、尊重规则、诚实守信能力)	B38
			责任意识(权责分明、自主经营、自负盈亏能力)	B39
		市场体系的功能(2)	市场体系的完整性和统一性	B40
			市场体系的竞争性和有序性	B41
		市场机制的作用(3)	市场竞争机制	B42
			市场约束机制	B43

续表

一级指标	二级指标	三级指标	四级指标	指标编号
国家治理能力评估(B)	社会参与能力(d)	公民参与意识和参与能力(1)	公民参与意识	B44
			公民参与能力	B45
		公民参与载体(2)	社会组织发育程度	B46
			社会组织行动能力	B47
		公民参与渠道(3)	公民参与渠道是否完善而畅通	B48
			公民参与渠道是否真实而有效	B49
		公民参与的法治保障(4)	公民参与是否有法定的权利和义务	B50
			公民参与是否有法定的程序和规范	B51
	多元主体协同能力(e)	多元主体权责关系(1)	各主体权力清单	B52
			各主体责任清单	B53
			各主体负面清单	B54
		多元主体协同机制(2)	多元主体的利益协调机制	B55
			多元主体的分工协作机制	B56
	科技支撑能力(f)	科技创新能力(1)	科技创新队伍	B57
			科技创新机制	B58
			科技创新成果	B59
		科技成果转化应用能力(2)	科技成果转化机制	B60
			科技成果转化率	B61
			国家治理科学化水平	B62

第七章

中国国家治理绩效评估指标体系

如果说国家治理体系和治理能力评估侧重于国家治理的工具、手段、能力、过程的评估，国家治理绩效评估则侧重于国家治理的结果、成效、水平的评估。根据中国特色社会主义事业“五位一体”总体布局和建成富强民主文明和谐美丽的社会主义现代化强国的目标，可将国家治理绩效评估分为五个方面：经济建设绩效、政治发展绩效、文化建设绩效、社会建设绩效、生态文明建设绩效，评估的价值尺度主要是富强、民主、文明、和谐、美丽。由于党的建设、国防和军队建设属于“政治”范畴，故将相关内容纳入政治发展进行评估。基于此，在一级指标“国家治理绩效评估”之下设5个二级指标：“经济建设绩效”“政治发展绩效”“文化建设绩效”“社会建设绩效”“生态文明建设绩效”。

一、经济建设绩效

根据中国共产党社会主义初级阶段基本路线规定，中国社会主义建设必须以经济建设为中心,建设社会主义市场经济。对于经济建设绩效的评估包括经济规模和经济增长速度、产业结构与经济发展质量、经济发展基础条件及发展能力等。基于此,在二级指标“经济建设绩效”之下设3个三级指标:“经济规模和经济增长速度”“经济结构和经济发展质量”“经济发展基础和能力”。

1. 经济规模和经济增长速度

衡量国家或地区经济发展总体水平的指标主要有国内生产总值(GDP)和国民总收入(GNI)。GDP和GNI是国际通行的国民经济核算方式,也是国家或地区间横向比较的重要指标。与GDP相关的指标包括GDP总量、GDP增长率、人均GDP等,与GNI相关的指标包括GNI总量和人均可支配收入。其中人均GDP和人均可支配收入是衡量一个国家或地区人民生活水平的重要指标。基于此,在三级指标“经济规模和经济增长速度”之下设5个四级指标:“GDP总量”“GDP增长率”“人均GDP”“GNI总量”“人均可支配收入”。

2. 经济结构和经济发展质量

保持经济持续健康发展,必须坚持新发展理念,推进中国经济高质量发展。经济结构决定经济发展质量,其核心是产业结构。在中国经济史上,经历了农业文明、工业文明时代,分别以第一产业、第二产业为主导产业,在工业文明发展到一定水平之后便向后工业文明时代迈进,自2013年起,中国第三产业首度超过工业成为中国第一大行业。第三产业占比是评估经济体系现代化程度的重要指标,中国第三产业占比与发达国家相比还有较大差距。以2019年为例,中国第三产业占GDP的53.9%,而发达国家为

60%~70%。依据创新协调绿色开放共享的新发展理念,经济高质量发展还体现在绿色GDP、高新技术产业占比、科技进步对经济增长的贡献率、外贸外资对经济增长的贡献率等指标上。需要特别说明的概念是"绿色GDP",绿色GDP是衡量经济发展绿色水平的重要指标,是指扣除因资源能源消耗和生态环境破坏所带来的损失以及环境治理和生态修复所产生的成本之后的GDP。基于此,在三级指标"经济结构和经济发展质量"之下设5个四级指标:"第三产业占比""绿色GDP""高新技术产业占比""科技进步对经济增长的贡献率""外资外贸对经济增长的贡献率"。

3. 经济发展基础和能力

与财政收入相关的指标有财政收入总量和财政收入占GDP的比重。通常财政收入总量与GDP成正比,但财政收入占GDP的比重则各有不同,如果比重过大,政府财力增强,但可能挤占纳税人的利益,削弱经济发展的基础,最终影响国民经济发展;相反,如果比重过小,则减弱了政府的财政能力,也将削弱政府经济宏观调控和提供公共服务的能力。因此,财政收入占GDP的比重要适中。但在经济运行和社会发展良好的条件下,或在经济水平相当的不同国家或地区的比较中,财政收入占GDP的比重越大则说明经济发展状况越好,一方面表明国家或地方财力雄厚,另一方面表明产业结构较优,通常第一产业比重小且新兴行业、高附加值行业比重大的国家或地区财政收入占GDP的比重较大。影响经济发展能力的因素还包括基础设施投资和城镇化率。基础设施投资可以改善发展条件、增强发展能力,可以拉动总需求、优化产业结构、提高生产率。例如当前中国强调的"新基建",5G网络、大数据中心、工业互联网、人工智能等新的基础设施建设投资将为中国经济发展注入新动能。对基础设施投资的评估包括占财政支出的比重、占GDP的比重、占固定资产投资的比重等,通常这三个比值呈正相关,本课题选择宏观层面的占GDP的比重。此外,城镇化率也是衡量国家或地区经济发展状况的重要指标,在城镇化率没有达到峰值(当前发达国家城市化率最高为80%左右)之前,城镇化率越高表明其经济发展水平就越高。基于上述分析,在三级指标“经济发展基础和能力”之下设3个四级指标:“财政收入占GDP的比重”“基础设施建设投资占GDP的比重”“城镇化率”。

二、政治发展绩效

中国政治发展的目标是建设社会主义民主政治、建设社会主义法治国家,是党的领导、人民当家作主、全面依法治国的有机统一,即党带领人民实施巩固人民政权、保护国家安全和维护社会稳定的政治统治,确保干部清正廉洁、党能长期执政和国家长治久安。因此,在二级指标“政治发展绩效”之下设5个三级指标:“党的全面领导”“人民当家作主”“全面依法治国”“干部清正廉洁”“国家安全保障”。

1. 党的全面领导

中国共产党领导是中国特色社会主义最本质的特征,也是中国特色社会主义制度的最大优势。中国政治发展的首要任务是坚持和完善党的全面领导制度,加强新时代党的建设的伟大工程,增强党的执政能力和领导水平,保持党的先进性和纯洁性,增强人民群众对党的信任和对党长期执政的信心。基于此，在三级指标“党的全面领导”之下设3个四级指标：“党的执政能力和领导水平”“党的先进性和纯洁性”“人民群众对党的政治认同”。

2. 人民当家作主

党的二十大报告指出，“我国是工人阶级领导的、以工农联盟为基础的人民民主专政的社会主义国家，国家一切权力属于人民。人民民主是社会主义的生命，是建设社会主义现代化国家的应有之义”①。其中人民民主，就是人民当家作主。建设社会主义民主政治，就是要用制度来保障人民群众在政治生活中依法行使民主选举、民主协商、民主决策、民主管理、民主监督等民主权利。

人民是否真正实现当家作主，或者说人民能否真正行使民主权利，首先取决于民主权利及其行使的制度化、规范化、法治化、程序化，使人民的民主权利有明确的法律保障，让人民行使民主权利也于法有据、有章可循。虽然从中央到地方都有完善的民主制度体系，包括人民代表大会制度、政治协商制度、民族区域自治制度、基层民主自治制度等，也包括选举、协商、决策、审议、监督、自治、咨询、听证会、举报、信访等具体的规范和程序，但各地方对这些民主制度和规范的遵守和执行情况却有不同，从而影响人民民主的实现程度。因此，“民主制度和法规的执行情况”是民主政治评估的重要指标之一。其次，民主实现程度还取决于公民的政治素养和政治参与态度。公民政治素养越高、政治参与积极性越高，民主参与的程度就越高、效果就更好。此外，评估民主政治评估，还要看人民群众的自我感受，即人民群众对是否充分享有知情权、参与

① 习近平. 高举中国特色社会主义伟大旗帜 为全面建设社会主义现代化国家而团结奋斗[M]. 北京：人民出版社，2022：37.

权、表达权、监督权等民主权利的满意度。基于此,在三级指标"人民当家作主"之下设3个四级指标:"民主制度、法律和规章的执行情况""公民的政治素养和政治参与态度""人民群众对享有民主权利的满意度"。

3. 全面依法治国

"法治"是国家治理现代化的基本要求,"全面依法治国、建设社会主义法治国家"是中国基本的治国方略。作为政治发展绩效评估指标的"全面依法治国",重点不在于过程而在于结果,是指在全面依法治国背景下国家治理的法治状态,即"法治国家"(包括法治政府、法治社会等)。党的二十大报告强调,"必须更好地发挥法治固根本、稳预期、利长远的保障作用,在法治轨道上全面建设社会主义现代化国家"①。"良法"是"善治"的前提,建设社会主义法治国家首先要求有统一而完备的法制体系,使国家治理各方面各环节制度化、规范化、法治化、程序化,保证人民有法可依。其次,要求全社会遵循"法律至上"的规则,做到严格执法,即党要依法执政,政府要依法行政,人民群众要依法办事,可用"国家公职人员职务犯罪率"作为评估指标。再次,要求做到"公正的司法",即以事实为依据、以法律为准绳,让人民群众在每一个司法案件中感受到公平正义,可用"司法错案率"作为评估指标。最后,还要求做到"全民守法",可用"公民法治素养""每万人律师数量""每万人违法犯罪数量"等作为评估指标。基于此,在三级指标"全面依法治国"之下设4个四级指标:"法制完备程度""国家公职人员职务犯罪率""司法错案率""公民法治素养"。

---

① 习近平. 高举中国特色社会主义伟大旗帜 为全面建设社会主义现代化国家而团结奋斗[M]. 北京:人民出版社,2022:40.

4. 干部清正廉洁

“人民群众最痛恨腐败现象,腐败是我们党面临的最大威胁。”[①]领导干部和国家公职人员代表党和政府行使公权力,他们的腐败不仅大大增加行政成本、损害他人的权利或公共利益,而且严重损害党和政府的公信力。因此,坚定不移开展反腐败斗争是确保党长期执政、确保实现国家治理现代化的内在要求。党的十九届四中全会强调,“构建一体推进不敢腐、不能腐、不想腐体制机制”[②]。首先是要加强制度建设,包括健全反腐败法律法规、纪检监察机构、巡察制度等,把权力关在制度的笼子里。其次要加大腐败案件查处力度,坚决做到无禁区、全覆盖、零容忍。再次要加强反腐败斗争的宣传和警示教育,增强人民群众对党和政府的信任和信心,营造风清气正的政治氛围。基于此,对“干部清正廉洁”的评估可设3个四级指标:“体制机制(不敢腐、不想腐、不能腐的体制机制是否健全)”“腐败水平(腐败案件的数量、频率、规模和范围)”“廉政信心(人民群众对政府的廉政印象)”。

5. 国家安全保障

维护国家安全是政治建设的重要任务,也是实现人民政治统治的基础。党的二十大报告强调,“国家安全是民族复兴的,社会稳定是国家强盛的前提。必须坚定不移贯彻总体国家安全观,把维护国家安全贯穿党和国家工作各方面全过程,确保国家安全和

① 本书编写组.党的十九大报告辅导读本[M].北京:人民出版社,2017:66.
② 本书编写组.党的十九届四中全会《决定》学习辅导百问[M].北京:党建读物出版社,2019:32.

社会稳定”[1]。国家安全是指“国家政权、主权、统一和领土完整、人民福祉、经济社会可持续发展和国家其他重大利益相对处于没有危险和不受内外威胁的状态,以及保障持续安全状态的能力”[2]。其包括国民安全、领土安全、主权安全、政治安全、军事安全、经济安全、文化安全、科技安全、生态安全、信息安全 10 个方面。那些危害国家主权、领土完整和安全,分裂国家、颠覆人民民主专政的政权和推翻社会主义制度的犯罪行为是危害国家安全的重要方面,因此可将“危害国家安全犯罪的数量”作为国家安全的评估指标。基于上述分析,在三级指标“国家安全保障”之下设 1 个四级指标:“危害国家安全犯罪数量”。

三、文化建设绩效

党的十九大报告指出,“文化是一个国家、一个民族的灵魂。文化兴国运兴,文化强民族强。没有高度的文化自信,没有文化繁荣兴盛,就没有中华民族的伟大复兴”[3]。中国特色社会主义进入新时代,中华民族正在实现从站起来、富起来到强起来的伟大飞跃。何谓“强起来”? 不只是经济实力、军事实力或综合国力的增强,最根本的是“文化软实力”增强,因此,加强文化建设,增强中国文化软实力,是推进新时代中国特色社会主义伟大事业的重要任务。

---

① 习近平.高举中国特色社会主义伟大旗帜 为全面建设社会主义现代化国家而团结奋斗[M].北京:人民出版社,2022:52.

② 肖君拥,谭伟民.《国家安全法》中的“国家安全”概念[J].河南警察学院学报,2019(6):5-10.

③ 本书编写组.党的十九大报告辅导读本[M].北京:人民出版社,2017:40.

对文化建设绩效的评估可从三个方面展开：一是文化发展环境，包括文化建设的制度、法规以及文化基础设施等；二是文化发展的表现，包括文化事业和文化产业，这决定了人们文化生活产品和服务的能力及水平；三是文化软实力，包括文化引领力、文化创新力、文化传播力和文化影响力等。基于此，在二级指标“文化建设绩效”之下设3个三级指标：“文化发展环境和保障条件”“文化事业和文化产业”“文化软实力”。

1. 文化发展环境和保障条件

文化发展环境又叫“文化生态”，是指文化发展的社会土壤、经济基础、政治和法制保障等，包括党的文化工作基本方针、文化建设的制度和法制保障、文化建设的财政保障、文化管理体制改革、文化市场培育和监管、公共文化基础设施、文化人才队伍建设等方面。基于此，在三级指标“文化发展环境和保障机制”之下设7个四级指标：“党的文化工作基本方针的落实情况”“文化建设制度和法制的完善程度”“文化建设的财政保障”“文化管理体制改革成效”“文化市场的成熟程度”“公共文化基础设施的健全程度”“文化人才队伍水平”。

2. 文化事业和文化产业

党的十九大报告指出，“推动文化事业和文化产业发展。满足人民过上美好生活的新期待，必须提供丰富的精神食粮”[①]。文化事业的性质是非营利性和公益性，由政府主导提供文化公共产品，用以满足人民最基本的文化需求，例如图书馆、文化馆、文化活动

---

① 本书编写组.党的十九大报告辅导读本[M].北京：人民出版社，2017：43.

中心、文化广场等。文化产业的性质是营利性,由企业按照市场规则运行,提供更丰富的文化产品和服务,以满足人民多元化、多层次、多方面的文化需求。在社会主义市场经济条件下,文化事业与文化产业是紧密联系、相互支撑,强调二者协调发展。对文化事业的评估包括文化事业经费投入(通常用其文化事业支出占政府财政支出的比重来衡量)、基本公共文化服务水平及均等化程度(通常用人均文化事业经费来衡量)、文化基础设施完善程度等。对文化产业的评估包括文化产业占 GDP 的比重、文化产品的多样化程度和质量水平等。基于此,在三级指标“文化事业和文化产业”之下设 4 个四级指标:“文化事业经费投入”“基本公共文化服务水平及均等化程度”“文化产业占 GDP 的比重”“文化产品多样化程度和质量水平”。

3. 文化软实力

“文化软实力是一国文化所具有的,以维护统治阶级利益为核心的,以引发思想共鸣、争取文化认同、激发创造活力、凝聚精神信念等非强制方式同该国经济基础、政治上层建筑有机结合而进行的、增强国家综合国力的能力,是从一国的文化资源转变为该国的现实综合国力的过程和结果。”[①]中国的文化软实力,一是体现在“意识形态的引领力”,其评价指标可用“坚持马克思主义在意识形态领域的主导地位的认同度”和“社会主义核心价值观的认同度”。二是体现在“文化自信力”,中国特色社会主义文化是中华优秀传统文化的“现代性诠释和创新性发展”,是中国共产党领导人民在革命、建设、改革中创造的革命文化和先进文化的结晶,具有强大

---

① 刘德定.当代中国文化软实力研究[D].开封:河南大学,2012.

的生命力、凝聚力、影响力和感召力。其评价指标可用“人们对中国特色社会主义文化是否有坚定的自信”。三是体现在“文化创新力”，不仅包括文艺作品的创新，还包括科学技术的创新。四是体现在“文化传播力和影响力”，即文化的海外传播及国际影响等。基于此，在三级指标“文化软实力”之下设4个四级指标：“意识形态引领力”“文化自信力”“文化创新力”“文化传播力和影响力”。

四、社会建设绩效

社会建设（或社会管理）是国家的重要职能，也是关系国计民生和社会稳定的重要领域，目标是建设社会主义和谐社会，做到人民安居乐业、社会安定有序、国家长治久安。社会建设的范围包括教育与人的发展、医疗卫生、社会保障、就业与分配、住房保障、公共安全等方面。基于此，在二级指标“社会建设绩效”之下设6个三级指标：“教育与人的发展”“医疗卫生”“社会保障”“就业与收入分配”“居住条件”“公共安全与社会管理”。

1. 教育与人的发展

马克思主义认为，人的全面发展是现代化大生产的客观要求，教育与生产劳动相结合是人全面发展的唯一条件，人的全面发展只有在共产主义社会才能得以实现。因此，中国特色社会主义的根本任务是解放和发展社会生产力，促进人的全面发展。在社会建设的各项任务中，教育事业和人的全面发展是首要任务。评估“教育与人的发展”状况，要看教育投入情况、人民群众受教育的程度，以及人民群众的满意程度。基于此，在三级指标“教育与人的发展”之下设 5 个四级指标：“教育支出占 GDP（或政府财政支出）的比重”“九年义务教育巩固率”“大学生毛入学率”“每百名在校学生拥有专任教师数量”“人民群众满意度”。

2. 医疗卫生

习近平同志强调，要始终把人民群众的生命安全和身体健康放在第一位。这是 2020 年 2 月习近平同志对新冠肺炎疫情防控的重要指示，这也反映了中国共产党“全心全意为人民服务”的宗旨和中国特色社会主义以“人民为中心”的根本立场。保障人民的生命安全和身体健康，取决于政府的医疗卫生投入、医疗卫生条件、人民群众的健康水平和满意度。基于此，在三级指标“医疗卫生”之下设 6 个四级指标：“医疗卫生支出占 GDP（或政府财政支出）的比重”“每万人拥有病床数”“每万人拥有职业医师人数”“公共卫生水平（年每万人传染病人数及病亡率）”“人均预期寿命”“人民群众满意度”。

3. 社会保障

社会保障是指国家通过立法并制定一系列的制度、政策和措施，保证无收入、低收入以及遭受各种意外灾害的公民能够维持生存，保障劳动者在年老、失业、患病、工伤、生育时的基本生活不受影响，同时根据经济和社会发展状况，逐步增进公共福利水平，提高国民生活质量。社会保障包括社会保险、社会救济、社会福利、优抚安置等，其核心是社会保险，包括基本养老保险、基本医疗保险、工伤保险、失业保险等。基于此，在三级指标“社会保障”之下设 7 个四级指标：“社会保障支出占 GDP（或政府财政支出）的比重”“基本养老保险覆盖率”“基本医疗保险覆盖率”“工伤保险覆盖率”“失业保险覆盖率”“最低生活保障覆盖率”“人民群众满意度”。

4. 就业与收入分配

就业与收入分配直接关系到人民群众的生活水平。就业率和就业质量越高,人民群众生活就越有保障。就业情况取决于政府在就业与再就业领域的政策、机构和人员保障、经费投入等,可用“就业与再就业领域的投入占GDP(或政府财政支持)的比重”和“城镇登记失业率”来评估。收入及分配也影响人民的生活质量。评估标准为“地区平均工资水平”和“恩格尔系数”,人民的生活水平与地区工资水平成正比,与恩格尔系数成反比。基于此,在三级指标“就业与收入分配”之下设5个四级指标:“就业与再就业投入占GDP(或政府财政支出)的比重”“城镇登记失业率”“地区平均工资水平”“恩格尔系数”“人民群众满意度”。

5. 居住条件

住房是家的物质前提,通常用“安居乐业”形容人们生活有保障,用“居无定所”形容生活颠沛流离。住房面积以及人均房租及房贷占支出的比例是影响人们居住条件的重要指标。基于此,在三级指标“居住条件”之下设3个四级指标:“人均住房面积”“人均房租或房贷占支出的比重”“人民群众满意度”。

6. 公共安全与社会管理

“公共安全”是指社会和公民个人的生命、健康、财产、生产、生活、交往免受侵害。危害公共安全的事件被称为“公共安全事件”,包括重大交通事故、重大安全生产事故、重大公共卫生事件等。维护公共安全就是要求尽量避免公共安全事件发生或发生之后能迅速高效处置。由于公共安全事件往往导致重大财产损失和人口的非正常死亡,因此,可用“公共安全事件数量”和“非正常死亡人口比率”作为公共安全的评估指标。“社会管理”也是政府的重要职能,任务是维护公共秩序,促进社会和谐稳定,重点是平安建设。对该领域的评估要看刑事案件发生率和因社会矛盾而引发的群体性事件发生率。基于此,在三级指标“公共安全与社会管理”之下设6个四级指标:“公共安全与社会管理投入占GDP(或政府财政支出)的比重”“年公共安全事件数量”“非正常死亡人口比例”“每万人刑事案件数量”“年群体性事件数量”“人民群众满意度”。

五、生态文明建设绩效

生态文明建设的目标是建设美丽家园、美丽中国。党的十八大提出要“给自然留下更多修复空间,给农业留下更多良田,给子孙后代留下天蓝、地绿、水净的美好家园”。党的十九大进一步强调,必须树立和践行“绿水青山就是金山银山”的理念,像对待生命一样对待生态环境,坚持走生产发展、生活富裕、生态良好的文明发展道路,建设美丽中国。自2017年9月以来,国家环保部(生态环境部)先后公布三批共175个国家生态文明建设示范市县。2019年9月,国家生态环境部修订了《国家生态文明建设示范市县建设指标》。该指标包括生态制度、生态安全、生态空间、生态经济、生态生活、生态文化6大类共40项指标。“生态制度”已包含在国家治理能力评估“政府生态建设能力”指标之中,而“生态文化”也可纳入“生态生活”范畴，因此在二级指标“生态文明建设绩效”之下设4个三级指标：“生态空间”“生态安全”“生态经济”“生态生活”。

1. 生态空间

生态空间是指人生存和发展环境条件，包括自然生态空间（自然禀赋）和人为影响（或改造）的生态空间。自然生态空间包括自然岸线保有率（河、湖、海）、湿地面积、生态红线及自然保护地占国土面积比等。人为活动对生态空间的影响包括正向影响和负向影响两个方面，正向影响是指通过生态制度、法规及生态规划优化生态空间格局，负向影响是指人为活动对生态空间格局的破坏。人为影响的生态空间用“规划环评执行率”等指标来评估。基于此，在三级指标“生态空间”之下设4个四级指标：“自然岸线保有率（河、湖、海）”“湿地面积”“生态红线及自然保护地占国土面积比”“规划环评执行率”。

2. 生态安全

生态安全是指生态系统安全，即在外界不利因素作用下，人与自然不受损伤、侵害或威胁，人类社会的生存发展能够持续，自然生态系统能够保持健康和完整。维护生态安全就是维持生态平衡，包括防范和化解生态风险、减少生态破坏和环境污染、环境治理和生态修复等。生态安全评估可从生态环境质量改善、生态系统保护、生态环境风险防范三个方面展开。其中生态环境质量改善涉及空气、水、土壤质量等；生态系统保护涉及林草覆盖率、生物多样性保护等；生态风险防范涉及危险废物无害化处置、突发生态环境事件应急管理等。基于此，在三级指标“生态安全”之下设6

个四级指标:“环境空气质量”“水环境质量(河、湖、近海)”“林草覆盖率”“生物多样性”“危险废弃物无害化处置率”“突发生态环境事件次数及生态破坏程度”。

3. 生态经济

生态经济是指在生态系统承载力范围内,在不破坏或有利于生态环境的条件下从事的生产和生活活动。生态经济强调资源能源节约、充分、循环利用,追求人与自然和谐共生。对生态经济的评估,重点是看资源的利用效率和经济发展对生态环境的影响程度,包括单位 GDP 能耗、水耗、碳排放强度、废弃物资源化利用率等。基于此,在三级指标“生态经济”之下设 5 个四级指标:“单位 GDP 能耗”“单位 GDP 水耗”“碳排放强度”“一般工业废弃物综合利用率”“农业废弃物综合利用率(秸秆、畜禽粪便、农膜等)”。

4. 生态生活

生态生活既指人们绿色健康的生活方式,也指在良好的生态环境下的高质量的生活品质。从人居环境来看,包括饮用水安全卫生、居住环境卫生、公共绿地面积等;从绿色生活方式来看,包括绿色居住、绿色出行、绿色消费等;从生态文化角度来看,还包括人们的生态环保理念、生态文明建设的参与度和满意度等。基于上述分析,在三级指标“生态生活”之下设 11 个四级指标:“饮用水安全卫生(含城镇集中供水水源地水质优良比和农村饮用水卫生合格率)”“城镇污水处理率”“生活垃圾无害化处理率”“城镇人均公园绿地面积”“农村无害化卫生厕所普及率”“城镇新建设绿色建筑比例”“公共交通出行分担率”“绿色产品市场占有率”“公众生态文明理念”“公众生态文明建设参与度”“公众对生态文明建设的满意度”。

基于上述分析，中国国家治理绩效评估指标体系如表 7-1 所示。

表 7-1　中国国家治理绩效评估指标体系(T4)

一级指标	二级指标	三级指标	四级指标	指标编号
国家治理绩效评估(C)	经济建设绩效(a)	经济规模和经济增长速度(1)	GDP 总量	C1
			GDP 增长率	C2
			人均 GDP	C3
			GNI 总量	C4
			人均可支配收入	C5
		经济结构和经济发展质量(2)	第三产业占比	C6
			绿色 GDP	C7
			高新技术产业占比	C8
			科技进步对经济增长的贡献率	C9
			外资外贸对经济增长的贡献率	C10
		经济发展基础和能力(3)	财政收入占 GDP 的比重	C11
			基础设施建设投资占 GDP 的比重	C12
			城镇化率	C13
	政治发展绩效(b)	党的全面领导(1)	党的执政能力和领导水平	C14
			党的先进性和纯洁性	C15
			人民群众对党的政治认同	C16
		人民当家作主(2)	民主制度、法律和规章的执行情况	C17
			公民的政治素养和政治参与态度	C18
			人民群众对享有民主权利的满意度	C19

续表

<table>
<tr><th>一级指标</th><th>二级指标</th><th>三级指标</th><th>四 级 指 标</th><th>指标编号</th></tr>
<tr><td rowspan="23">国家治理绩效评估（C）</td><td rowspan="8">政治发展绩效(b)</td><td rowspan="4">全面依法治国(3)</td><td>法制完备程度</td><td>C20</td></tr>
<tr><td>国家公职人员职务犯罪率</td><td>C21</td></tr>
<tr><td>司法错案率</td><td>C22</td></tr>
<tr><td>公民法治素养</td><td>C23</td></tr>
<tr><td rowspan="3">干部清正廉洁(4)</td><td>体制机制（不敢腐、不想腐、不能腐的体制机制是否健全）</td><td>C24</td></tr>
<tr><td>腐败水平（腐败案件的数量、频率、规模和范围）</td><td>C25</td></tr>
<tr><td>廉政信心（人民群众对政府的廉政印象）</td><td>C26</td></tr>
<tr><td>国家安全保障(5)</td><td>危害国家安全犯罪数量</td><td>C27</td></tr>
<tr><td rowspan="15">文化建设绩效(c)</td><td rowspan="7">文化发展环境和保障条件(1)</td><td>党的文化工作基本方针的落实情况</td><td>C28</td></tr>
<tr><td>文化建设制度和法制的完善程度</td><td>C29</td></tr>
<tr><td>文化建设的财政保障</td><td>C30</td></tr>
<tr><td>文化管理体制改革成效</td><td>C31</td></tr>
<tr><td>文化市场的成熟程度</td><td>C32</td></tr>
<tr><td>公共文化基础设施的健全程度</td><td>C33</td></tr>
<tr><td>文化人才队伍水平</td><td>C34</td></tr>
<tr><td rowspan="4">文化事业和文化产业(2)</td><td>文化事业经费投入</td><td>C35</td></tr>
<tr><td>基本公共文化服务水平及均等化程度</td><td>C36</td></tr>
<tr><td>文化产业占 GDP 的比重</td><td>C37</td></tr>
<tr><td>文化产品多样化程度和质量水平</td><td>C38</td></tr>
<tr><td rowspan="4">文化软实力(3)</td><td>意识形态引领力</td><td>C39</td></tr>
<tr><td>文化自信力</td><td>C40</td></tr>
<tr><td>文化创新力</td><td>C41</td></tr>
<tr><td>文化传播力和影响力</td><td>C42</td></tr>
</table>

续表

一级指标	二级指标	三级指标	四级指标	指标编号
国家治理绩效评估（C）	社会建设绩效（d）	教育与人的发展（1）	教育支出占GDP（或政府财政支出）的比重	C43
			九年义务教育巩固率	C44
			大学生毛入学率	C45
			每百名在校学生拥有专任教师数量	C46
			人民群众满意度	C47
		医疗卫生（2）	医疗卫生支出占GDP（或政府财政支出）的比重	C48
			每万人拥有病床数	C49
			每万人拥有职业医师人数	C50
			公共卫生水平（年每万人传染病人数及病亡率）	C51
			人均预期寿命	C52
			人民群众满意度	C53
		社会保障（3）	社会保障支出占GDP（或政府财政支出）的比重	C54
			基本养老保险覆盖率	C55
			基本医疗保险覆盖率	C56
			工伤保险覆盖率	C57
			失业保险覆盖率	C58
			最低生活保障覆盖率	C59
			人民群众满意度	C60
		就业与收入分配（4）	就业与再就业投入占GDP（或政府财政支出）的比重	C61
			城镇登记失业率	C62
			地区平均工资水平	C63
			恩格尔系数	C64
			人民群众满意度	C65

续表

一级指标	二级指标	三级指标	四级指标	指标编号
国家治理绩效评估(C)	社会建设绩效(d)	居住条件(5)	人均住房面积	C66
			人均房租或房贷占支出的比重	C67
			人民群众满意度	C68
		公共安全与社会管理(6)	公共安全与社会管理投入占 GDP(或政府财政支出)的比重	C69
			年公共安全事件数量	C70
			非正常死亡人口比例	C71
			每万人刑事案件数量	C72
			年群体性事件数量	C73
			人民群众满意度	C74
	生态文明建设绩效(e)	生态空间(1)	自然岸线保有率(河、湖、海)	C75
			湿地面积	C76
			生态红线及自然保护地占国土面积比	C77
			规划环评执行率	C78
		生态安全(2)	环境空气质量	C79
			水环境质量(河、湖、近海)	C80
			林草覆盖率	C81
			生物多样性	C82
			危险废弃物无害化处置率	C83
			突发生态环境事件次数及生态破坏程度	C84
		生态经济(3)	单位 GDP 能耗	C85
			单位 GDP 水耗	C86
			碳排放强度	C87
			一般工业废弃物综合利用率	C88
			农业废弃物综合利用率(秸秆、畜禽粪便、农膜等)	C89

续表

一级指标	二级指标	三级指标	四级指标	指标编号
国家治理绩效评估（C）	生态文明建设绩效（e）	生态生活（4）	饮用水安全卫生（含城镇集中供水水源地水质优良比和农村饮用水卫生合格率）	C90
			城镇污水处理率	C91
			生活垃圾无害化处理率	C92
			城镇人均公园绿地面积	C93
			农村无害化卫生厕所普及率	C94
			城镇新建设绿色建筑比例	C95
			公共交通出行分担率	C96
			绿色产品市场占有率	C97
			公众生态文明理念	C98
			公众生态文明建设参与度	C99
			公众对生态文明建设的满意度	C100

第八章

关于中国国家治理评估体系实施的补充说明

该国家治理综合评估体系倾向于理论分析，包括国家治理的理论渊源、国家治理评估的价值尺度、目标导向、评估范围（框架）、指标体系以及每一个指标的设置理由等。要实施该评估体系尚有很长的路要走，有很多的工作要做，包括评估范围、评估主体、数据来源、数据分析方法以及各项指标的权重等都需要进一步说明并具体化。

一、评估范围

该评估体系适用于中国国家层面的治理评估，即由国家授权相关部门或委托第三方机构对国家治理体系、国家治理能力和国家治理绩效进行综合评估。评估结果不用于国际对比，因为该评估体系是专门针对中国而设计的，但可用于测量中国国家治理体系和国家治理能力的现状及国家治理绩效的实际水平。对评估值较低的领域，可针对性地分析原因并提出改进的对策和建议。该评估体系也适用于站在国家层面或第三者角度，对地方治理进行评估，可以是对省、地（市）、县进行单独评估，其目的类似于国家层面的治理评估；也可以是对全国范围内 31 个省（区、市）进行评估并横向比较或排序，包括对全省范围内各市（州）、县（区）进行评估并横向比较或排序，或是对全市（州）范围内各县（区）进行评估并横向比较或排序。

二、评估主体

在明确了评估范围之后，评估主体就明确了。国家层面的评估或站在党中央和国家的角度对全国 31 个省（区、市）进行评估，主体是党中央、国务院或其授权、委托的部门或机构；站在省（区、市）角度自我评估或对辖区内市（州）、县（区）进行评估，主体是省（区、市）委和省（区、市）政府或其授权、委托的部门或机构；站在市（州）角度的自我评估或对辖区内县（区）进行评估，主体是市（州）委和市（州）政府或其授权、委托的部门或机构；站在县（区）角度的自我评估，主体是县（区）委县（区）政府或其授权、委托的部门或机构。当然，上述所有层面的治理评估都可以由第三方专业机构来进行。

三、数据来源

国家治理综合评估涉及治理体系、治理能力、治理绩效等各层次，涉及经济、政治、文化、社会、生态等各方面，涉及党组织、政府部门、社会组织、公民个人等各主体，因此，其数据的来源极其复杂。一是政务数据，对国家治理体系和治理能力评估的数据主要来源于政务数据，例如制度政策法规的内容及数量、机构设置、人员编制、党员干部和行政人员的数量及素质等。二是统计数据，国家治理绩效评估的数据主要来源于统计数据，例如GDP总量、各项支出占国家财政支出的比例、单位GDP能耗/水耗、基本医疗保险、基本养老保险等。三是调查数据，主要是国家治理绩效评估方面的数据，例如群众对党的领导和政府效能的认同度、群众在教育医疗住房条件等民生领域的满意度等。

四、数据分析

数据分析是国家治理综合评估的重点和难点所在，因为所采集的数据有结构化数据（例如T4-C1），也有非结构化数据（例如T2-A1）；有定性描述（例如T2-A1），也有定量分析（例如T4-C53）；有主观表达（例如T4-C53），也有客观数据（例如T4-C1）。为将不同类型、不同性质的数据统一起来，本评估体系采用李克特量表，将所有类型的数据根据其数量、程度、强度、频率、优劣等分成1～5五个等级，这五个等级相当于有5个刻度的标尺，可以将各种类型的数据量化，最后使用加总平均的方式求得单项指标的分值。以数据T4-C47（人民群众满意度）为例，1～5分别是不满意、较不满意、一般、较满意、很满意，如果调查对象为N人，他们的选择分布为：不满意(A)、较不满意(B)、一般(C)、较满意(D)、

很满意(E),$A+B+C+D+E=N$,那么该项指标评估结果为:

$$\frac{A\times 1+B\times 2+C\times 3+D\times 4+E\times 5}{N}$$

将5分制的分值转化成百分制,计算出每一个指标的分值之后再乘以该指标在综合评估体系中的权重,最后加总求和即可获得评估结果。

1. 国家治理体系评估结果的计算

国家治理体系评估包括制度体系(Aa)、体制机制(Ab)、法治体系(Ac)、体系协同(Ad)4个二级指标,共计16个三级指标、48个四级指标。在4个二级指标中,前三者重要性相当,第四个指标起补充作用,故四者的权重分别为30%、30%、30%、10%。其中,"制度体系"有8个四级指标(A1—A8)、"体制机制"有13个四级指标(A9—A21)、"法治体系"有19个四级指标(A22—A40)、"体系协同"有8个四级指标(A41—A48)。国家治理体系评估值计算如下:

$$\begin{aligned}A &= \mathrm{Aa}\times 30\%+\mathrm{Ab}\times 30\%+\mathrm{Ac}\times 30\%+\mathrm{Ad}\times 10\%\\&=\frac{\mathrm{A1}+\mathrm{A2}+\cdots+\mathrm{A8}}{8}\times 30\%+\frac{\mathrm{A9}+\mathrm{A10}+\cdots+\mathrm{A21}}{13}\times 30\%+\\&\quad\frac{\mathrm{A22}+\mathrm{A23}+\cdots+\mathrm{A40}}{19}\times 30\%+\frac{\mathrm{A41}+\mathrm{A42}+\cdots+\mathrm{A48}}{8}\times 10\%\end{aligned}$$

2. 国家治理能力评估体系的计算

国家治理能力评估包括党的领导能力(Ba)、政府履职能力(Bb)、市场调节能力(Bc)、社会参与能力(Bd)、多元主体协同能力(Be)、科技支撑能力(Bf)6个二级指标,共20个三级指标、62个四级指标。在6个二级指标中,党和政府分别承担领导和主导责任,它们的重要性相当且在国家治理能力中处于最重要的地位；市场和社会是参与国家治理的重要力量，重要性次之；多元主体协同和科技支撑也是影响国家治理能力的重要因素，重要性再次之。故六者的权重分别为25%、25%、15%、15%、10%、10%。其中，"党的领导能力"有11个四级指标（B1—B11）、"政府履职能力"有26个四级指标（B12—B37）、"市场调节能力"有6个四级指标（B38—B43）、"社会参与能力"有8个四级指标（B44—B51）、"多元主体协同能力"有5个四级指标（B52—B56）、"科技支撑能力"有6个四级指标（B57—B62）。国家治理能力评估值计算如下：

$$
\begin{aligned}
B &= \mathrm{Ba}\times 25\% + \mathrm{Bb}\times 25\% + \mathrm{Bc}\times 15\% + \mathrm{Bd}\times 15\% + \mathrm{Be}\times 10\% \\
&\quad + \mathrm{Bf}\times 10\% \\
&= \frac{\mathrm{B1}+\mathrm{B2}+\cdots+\mathrm{B11}}{11}\times 25\% + \frac{\mathrm{B12}+\mathrm{B13}+\cdots+\mathrm{B37}}{26}\times 25\% \\
&\quad + \frac{\mathrm{B38}+\mathrm{B39}+\cdots+\mathrm{B43}}{6}\times 15\% + \frac{\mathrm{B44}+\mathrm{B45}+\cdots+\mathrm{B51}}{8}\times 15\% \\
&\quad + \frac{\mathrm{B52}+\mathrm{B53}+\cdots+\mathrm{B56}}{5}\times 10\% + \frac{\mathrm{B57}+\mathrm{B58}+\cdots+\mathrm{B62}}{6}\times 10\%
\end{aligned}
$$

3. 国家治理绩效评估体系的计算

国家治理绩效评估包括经济建设绩效（Ca）、政治发展绩效（Cb）、文化建设绩效（Cc）、社会建设绩效（Cd）、生态文明建设绩效（Ce）5个二级指标，共21个三级指标、100个四级指标。"五位一体"总体总局的五个方面同等重要，故5个二级指标的权重均为20%。其中，"经济建设绩效"有13个四级指标（C1—C13）、"政治发展绩效"有14个四级指标（C14—C27）、"文化建设绩效"有15个四级指标（C28—C42）、"社会建设绩效"有32个四级指标（C43—C74）、"生态文明建设绩效"有26个四级指标（C75—

C100)。国家治理绩效评估值计算如下：

$$C = \text{Ca}\times 20\% + \text{Cb}\times 20\% + \text{Cc}\times 20\% + \text{Cd}\times 20\% + \text{Ce}\times 20\%$$

$$= \frac{\text{C1}+\text{C2}+\cdots+\text{B13}}{13}\times 20\% + \frac{\text{C14}+\text{C15}+\cdots+\text{C27}}{14}\times 20\%$$

$$+ \frac{\text{C28}+\text{C29}+\cdots+\text{C42}}{15}\times 20\% + \frac{\text{C43}+\text{C44}+\cdots+\text{C74}}{32}\times 20\%$$

$$+ \frac{\text{C75}+\text{C76}+\cdots+\text{C100}}{26}\times 20\%$$

国家治理综合评估是由国家治理体系、国家治理能力和国家治理绩效三个方面的评估值乘以各自权重后的加总。在这三个方面中，国家治理绩效是最终目标，也是最重要的，其权重可设为50%，国家治理体系和国家治理能力二者各占25%。因此，国家治理综合评估值计算如下：

$$\sum(A+B+C) = A\times 25\% + B\times 25\% + C\times 50\%$$

五、补充说明

国家治理综合评估是一项复杂的系统工程，本课题仅从理论上进行了初步探讨，要付诸实践还有很长的路要走，还有很多的工作要做。本指标体系共计3个一级指标、15个二级指标、57个三级指标、210个四级指标。其中，一、二、三级指标每个都可以单独构成一个评估指标体系，甚至许多四级指标仍然可以继续细分出更多的五级指标，即使不能再细分的四级指标也有待进一步具体化或量化。随着国家治理评估的实施，还会根据实际情况对评估体系予以进一步修订。在数据方面，除了党政部门的党务和政务数据、统计数据之外，大量的数据还需要设计调查问卷，而这些工作不属于本课题的范围。因此，在本书出版之后，笔者将带领博士生团队继续在国家治理评估方面进行更深入更系统的研究，逐步开展一些分领域的治理评估实践，直至最终实施国家治理综合评估。

参考文献

[1] 中共中央马克思恩格斯著作编译局. 马克思恩格斯选集(第四卷)[M]. 北京:人民出版社,1972.

[2] 毛泽东选集(第三卷)[M]. 北京:人民出版社,1991.

[3] 邓小平文选(第三卷)[M]. 北京:人民出版社,1993.

[4] 习近平谈治国理政[M]. 北京:外文出版社,2014:105-106.

[5] 习近平谈治国理政(第二卷)[M]. 北京:外文出版社,2017.

[6] 习近平谈治国理政(第三卷)[M]. 北京:外文出版社,2020.

[7] 习近平谈治国理政(第四卷)[M]. 北京:外文出版社,2022.

[8] 中共中央文献研究室. 习近平关于社会主义政治建设论述摘编[G]. 北京:中央文献出版社,2017.

[9] 习近平. 高举中国特色社会主义伟大旗帜为全面建设社会主义现代化国家而团结奋斗[M]. 北京:人民出版社,2022.

[10] 江泽民. 高举邓小平理论伟大旗帜把建设有中国特色社会主义事业全面推向二十一世纪——在中国共产党第十五次全国代表大会上的报告[M]. 人民出版社,1997.

[11] 中共中央文献研究室. 十八大以来重要文献选编[M]. 北京:中央文献出版社,2014.

[12] 本书编写组. 党的十九大报告辅导读本[M]. 北京:人民出版社,2017.

[13] 本书编写组. 党的十九届四中全会《决定》学习辅导百问[M]. 北京:党建读物出版社,2019.

[14] 本书编写组. 中国共产党第十九届中央委员会第四次全体会议文件

汇编[G]. 北京:人民出版社,2019.

[15] 科恩. 论民主[M]. 聂崇信,朱秀贤,译. 北京:商务印书馆,1988.

[16] 俞可平. 国家治理评估——中国与世界[M]. 北京:中央编译出版社,2009.

[17] 俞可平. 治理与善治[M]. 北京:社会科学文献出版社,2000.

[18] 王浦劬. 国家治理现代化:理论与策论[M]. 北京:人民出版社,2016.

[19] 李景鹏. 挑战、回应与变革——当代中国问题的政治学思考[M]. 北京:北京大学出版社,2012.

[20] 周志忍. 当代国外行政改革比较研究[M]. 北京:国家行政学院出版社,1999.

[21] 詹姆斯·罗西瑙. 没有政府的治理[M]. 张胜军,刘小林,等译. 南昌:江西人民出版社,2001.

[22] 让-皮埃尔·戈丹. 何谓治理[M]. 钟震宇,译. 北京:社会科学文献出版社,2010.

[23] 埃莉诺·奥斯特罗姆. 公共事务的治理之道:集体行动制度的演进[M]. 上海:上海三联书店,2000.

[24] World Bank. Governance and Development[R]. Washington, D. C.: World Bank, 1992.

[25] Cleveland H. The Future Executive: A Guide for Tomorrow's Manager, New York: Harper & Row, 1972.

[26] 习近平. 在省部级主要领导干部学习贯彻十八届三中全会精神全面深化改革专题研讨班开班式上发表重要讲话[N]. 人民日报,2014-02-18.

[27] 习近平. 在第十三届全国人民代表大会第一次会议上的讲话[N]. 人民日报,2018-03-21(2).

[28] 习近平. 在布鲁日欧洲学院的演讲[N]. 人民日报,2014-04-02(2).

[29] 杜志章. 中国国家治理现代化的时代性、民族性和实践性简析[J]. 国家治理,2020(13):47-54.

[30] 王绍光. 治理研究:正本清源[J]. 开放时代,2018(2):153-176.

[31] 虞崇胜.实现全面现代化的一次重大擘划[J].同舟共进,2016(1):19-20.

[32] 俞可平.作为一种新政治分析框架的治理和善治理论[J].新视野,2001(5):35-39.

[33] 王春,曲燕.治理理论及国内外实践综述[J].学理论,2013(25):126-129.

[34] 吴畏.善治的三维定位[J].华中科技大学学报(社会科学版),2015(2):1-9.

[35] 吴晓林,李咏梅.治理研究的中国图景及其"中国化"路径[J].湖南师范大学社会科学报,2015(4):22-32.

[36] 包国宪,周云飞.中国公共治理评价的几个问题[J].中国行政管理,2009(2):11-15.

[37] 沈传亮.建立国家治理能力现代化评估体系[N].学习时报,2014-06-03.

[38] 刘小妹.人大制度下的国家监督体制与监察机制[J].政法论坛,2018(3):14-27.

[39] 肖君拥,谭伟民.《国家安全法》中的"国家安全"概念[J].河南警察学院学报,2019(6):5-10.

[40] 格里·斯托克,华夏风.作为理论的治理:五个论点[J].国际社会科学杂志,1999(1):19-30.

[41] Powell W. Neither Markets Nor Hierarchy: Network Forms of Organization[J]. Research in Organizational Behavior, 1990(12): 295-336.

[42] Rhodes R A W. Policy Networks: A British Perspective[J]. Journal of Theoretical Politics, 1990(3): 293-317.

[43] Boyer W. Political Science and the 21st Century: From Government to Governance. Political Science & Politics, 1990(1): 50-54.

后记

中国国家治理现代化的时代性、民族性和实践性简析[①]

摘要:把握中国国家治理现代化的时代性、民族性和实践性,是全面推进国家治理现代化的前提和基础。在新时代,国家治理现代化是在近代以来中国现代化探索实践基础上的时代性推进和提升,具有显著的“时代性”;国家治理现代化不是简单搬用西方治理理论或善治目标,而必须突显中国社会主义性质和中华民族特色,具有显著的“民族性”;国家治理现代化也不只是一种理念、理想或理论,而是具有坚实基础、强烈动因、明确路线和目标的伟大实践,具有显著的“实践性”。

关键词:国家治理现代化;时代性;民族性;实践性

国家治理现代化,亦即国家治理体系和治理能力现代化。中国共产党十九届四中全会提出了坚持和完善中国特色社会主义制度、推进国家治理体系和治理能力现代化的总体要求和总体目标。这一目标与“两个一百年”奋斗目标和党的十九大提出的新时代中国特色社会主义发展两个阶段的战略安排同步,表明国家治理现

---

① 该文发表于《国家治理》2020年第13期,第47-54页。

代化是全面建设社会主义现代化的题中应有之义，也是全面建设社会主义现代化的前提和保障。国家治理现代化不同于中国过去的现代化目标，也不能照搬西方的“善治”标准，对国家治理现代化的探讨也不能只停留在理论层面，必须作用于实践。因此，研究国家治理现代化的时代性、民族性和实践性，对全面推进国家治理现代化具有重要的现实意义。

一、中国国家治理现代化的“时代性”

习近平总书记在党的十九大报告中指出，“经过长期努力，中国特色社会主义进入了新时代”①。“新时代”是中国特色社会主义新的历史方位，也蕴含着中国特色社会主义的新任务和新目标。一是实现中华民族从站起来、富起来到强起来的伟大飞跃；二是在世界上高高举起科学社会主义伟大旗帜；三是为世界发展和人类进步贡献中国智慧和中国方案。党的十八大以来，以习近平同志为核心的党中央围绕上述任务和目标进行了积极探索，在理论上形成了习近平新时代中国特色社会主义思想，在实践上积极推进国家治理体系和治理能力现代化，中国特色社会主义制度更加成熟定型、中国特色社会主义道路更加坚定自信。其中，国家治理现代化的提出，既体现了中国特色社会主义制度的本质和优势，也表明了中国的现代化进程进入了新阶段、提升到了新高度。

近代西方势力用武力打开中国大门，使中国开始滑向半殖民

① 习近平.决胜全面建成小康社会　夺取新时代中国特色社会主义伟大胜利[A]//本书编写组.党的十九大报告辅导读本[M].北京：人民出版社，2017：10.

地半封建社会的深渊，这也是中国现代化的逻辑起点。中国的现代化进程既是“救亡”的过程，也是“启蒙”的过程，还是“发展”的过程，在现代化进程中，中华民族实现了从站起来、富起来到强起来的伟大飞跃。

在新民主主义革命时期和中华人民共和国成立初期，以毛泽东为代表的中国共产党人大多把现代化理解为“工业化”，这也表明了工业化是现代化的前提和核心地位。1945 年 4 月，毛泽东在《论联合政府》中说：“没有工业，便没有巩固的国防，便没有人民的福利，便没有国家的富强。”[①]中国共产党在 1953 年提出了“一化三改”的过渡时期总路线，其主体就是“一化”，即“工业化”。1964 年，周恩来在第三届全国人民代表大会第一次会议上正式把“现代化”表述为“全面实现农业、工业、国防和科学技术的现代化”，简称“四个现代化”。相对于新民主主义革命时期和中华人民共和国成立初期对现代化的理解，其内涵要丰富得多，除了工业现代化之外，还包括农业、国防和科学技术现代化。

改革开放以来，中国共产党对现代化的理解日益全面，不仅关于生产力的发展，还包括生产关系和上层建筑的调整，甚至包括管理方式、活动方式和思想方式的变革；不仅关于“四个现代化”，还包括政治和文化的现代化，即高度民主和高度文明。这一时期，中国共产党进一步明确了现代化的目标和步骤。1982 年，党的十二大正式提出到 20 世纪末使人民生活达到小康水平，并分“两步走”实现到 20 世纪末国民生产总值翻两番的目标。邓小平曾指出：“这个小康社会，叫做中国式的现代化。”[②]1987 年，党的十三大报告明确指出，在社会主义初级阶段，我们要坚持党在初级阶段的基

---

① 毛泽东选集(第三卷)[M].北京：人民出版社，1991：1080-1081.

② 邓小平文选(第三卷)[M].北京：人民出版社，1993：54.

本路线，把我国建设成为富强、民主、文明的社会主义现代化国家，并制定了“三步走”的经济发展战略。1992年，党的十四大正式把建立社会主义市场经济体制确定为我国经济体制改革的目标。党的十五大指出，“到建党一百年时，使国民经济更加发展，各项制度更加完善；到世纪中叶建国一百年时，基本实现现代化，建成富强民主文明的社会主义国家”[①]。这是“两个一百年”奋斗目标的雏形。党的十六大将物质文明、政治文明和精神文明“三位一体”纳入社会主义现代化建设的总体布局。党的十七大提出坚持中国特色社会主义经济建设、政治建设、文化建设、社会建设的基本目标和基本政策构成的“四位一体”的基本纲领。

党的十八大以来，以习近平同志为核心的党中央系统提出了“五位一体”总体布局和“四个全面”战略布局，以及实现“两个一百年”奋斗目标、实现中华民族伟大复兴的中国梦。党的十八届三中全会提出了推进“国家治理体系和治理能力现代化”任务，极大地丰富了社会主义现代化的内涵。党的十九届四中全会进一步明确了“坚持和完善中国特色社会主义制度、推进国家治理体系和治理能力现代化的总体目标”，并制定了“三步走”的战略规划。这是以习近平同志为核心的党中央关于中国现代化的最新表达，体现了全面建设社会主义现代化对国家制度、国家治理体系和治理能力现代化的最新要求。

纵观近代以来中国的现代化历程，有三个显著趋势：其一，关于现代化范式的转换，现代化不只有西方的一种模式，不等同于“西化”或“资本主义化”，中国现代化也不只是简单地对西方“冲击”的“回应”，而是从中国的国情出发，在广泛吸收借鉴世界各国

① 江泽民. 高举邓小平理论伟大旗帜　把建设有中国特色社会主义事业全面推向二十一世纪——在中国共产党第十五次全国代表大会上的报告[M]. 北京：人民出版社，1997.

现代化经验教训基础上，探索的中国特色社会主义现代化之路；其二，关于现代化内涵的拓展，现代化不再只是片面的"工业化"或"四个现代化"，而是"全面现代化"，包括政治、经济、文化、社会、生态等各领域的现代化，也包括生产力和生产关系、经济基础和上层建筑各层次的现代化，还包括国家制度、国家治理体系和国家治理能力的现代化；其三，关于研究现代化的目标取向的改变，不再只是学习和借鉴西方国家现代化的理论和经验，而开始注重对中国现代化道路的概括和总结，注重研究中国现代化的世界意义。概括来说，上述三个趋势反映了中国现代化的"时代性"转化，而国家治理现代化正是这一"时代性"的集中体现。

二、中国国家治理现代化的"民族性"

"国家治理"是一个具有浓郁中国气息的概念。虽然20世纪90年代以来"治理"概念被广泛运用，但"国家治理"(state governance, country governance or national governance)并不多见。在诸多的治理评估体系中，仅有英国国际发展部2006年为了实施国家援助计划提出了国家治理分析(country governance analysis)[①]的评价手段，但这也是站在主权国家之外居高临下地对贫困国家的治理状况进行评估。汉字"国家治理"概念是从传统中国的"治理"展开的。1977年2月7日"两报一刊"发表社论《学好文件抓住纲》提出了"抓纲治国"的号召，并在党的十一大报告中将其确定为战略决策，其意蕴是实现"天下大治"的目标。较早把"治理"与"国家"

① 俞可平.国家治理评估——中国与世界[M].北京：中央编译出版社，2009：262.

联系起来的文献是张静惠1995年12月在《北京政协》发表了一篇文章《治理国家贵在严——新加坡见闻》;1997年9月,江泽民同志在党的十五大报告中提出"依法治国"方略之后,"治理国家"的表述便频繁出现,主题基本上都是围绕"依法治国,是党领导人民治理国家的基本方略"展开的。2001年1月,江泽民同志在全国宣传部长会议上提出"把依法治国与以德治国紧密结合起来"的治国方略之后,"治理国家"便成为学术界讨论的热点话题,重点是围绕"治理国家到底是靠法治,还是靠德治,还是二者相结合"。由于西方治理理论强调"法治",于是中国的"治理国家"概念便成功与西方治理理论嫁接起来,现代意义上的"国家治理"概念便应运而生。从此之后直到党的十八届三中全会之前,"国家治理"基本停留在学术层面,而且是政治学、公共管理学领域。在党的十八届三中全会之后,"国家治理"便上升到国家战略和政治层面,而且在治国理政各个领域被广泛运用直至当前。当然,中国语境下的"国家治理"之"治理"既不同于传统中国的"治理",也不同于西方传统的"governance",而是包括古今中外各种积极因素在内的"治国理政"。

西方现代治理理论是在20世纪后期兴起的。在20世纪80年代末90年代初,世界银行率先使用了"治理"(governance)、"善治"(good governance)等概念,并组建专门团队研发治理评估体系,对世界各国治理水平进行评估和发布报告。基于世界银行的高度重视及其世界影响力,很快学界引起了普遍重视,并不断赋予"治理"新的内涵,治理理论也被广泛运用于除政治学以外的其他领域而且很快流行起来成为一门"显学"。西方治理理论的核心观点主要有:管理主体从传统一元主体向多元主体转变;政府职能从传统的全能政府走向有限政府;国家与社会的关系由强制、对抗走向协商、合作；要求政府更加突出其透明性、责任性、回应性及有效性等特征。[①] 当治理理论广泛运用于实践之后，治理评估就应运而生。治理评估的标准被称为“善治”。何谓“善治”呢？不同评估主体有不同的理解和表述。世界银行1992年在《治理与发展》的报告中首次提出了公共部门管理、问责、法治、信息透明的善治标准。[②] 此外，联合国开发计划署、欧盟委员会，以及一些发达国家为了便于对外投资或提升内部治理也提出了各自的“善治”标准，包括民主、人权、法治、问责、回应、参与、透明、开放、公平、廉洁、效能、可持续发展等多个维度。由于治理评估具有批判现实和引领未来的功能，逐步被一些非西方国家学习和借鉴。

西方治理理论被引入中国的标志性的事件是2001年6月15日，中国行政管理学院、北京行政管理学会和北京行政学院联合举办的“治理理论与中国行政改革”研讨会，与会学者围绕治理的概念界定、思想体系以及对我国政治与行政发展的借鉴意义等问题进行了探讨。俞可平在会上做了题为“作为一种新政治分析框架的治理和善治理论”的报告，不仅介绍了西方主要治理学者及其观点，还阐释了“善治”的内涵，即“善治就是使公共利益最大化的社会管理过程。善治的本质特征，就在于它是政府与公民对公共活动的合作管理，是政治国家与市民社会的一种新颖关系，是两者的最佳状态”[③]。他认为，善治包括六个要素：合法性(legitimacy)、透明性(transparency)、责任性(accountability)、法治性(rule of law)、回应性(responsiveness)、有效性(effectiveness)。基于善治理论，2009年俞可平团队出版了《国家治理评估——中国与世

---

① 王春，曲燕．治理理论及国内外实践综述[J]．学理论，2013(9)：126-129．

② World Bank. Governance and Development[R]. Washington, D. C.: World Bank, 1992.

③ 俞可平．作为一种新政治分析框架的治理和善治理论[J]．新视野，2001(5)：35-39．

界》,系统梳理了世界上较有影响的各种治理评估体系,并提出了“中国治理评估框架”,之后出版了《中国治理评论》年度辑刊,《中国治理评论》成为中国治理研究领域最有影响力的成果。在此期间,一大批有影响力的学者加入治理研究领域,也提出了各种治理评估体系,例如包国宪提出了“中国公共治理绩效评估指标体系”,胡税根、陈彪提出了“治理评估通用指标”,何增科提出了“中国善治指数评估体系框架”,臧雷振和张一凡提出了“治理创新评估体系”等。

概括来说,许多中国学者所依据的“善治”标准都是直接从西方“拿来”的,虽然其中含有某些属于“全人类共同价值”的因素可以为我所用,但总体来说,无论是“治理”还是“善治”本身就蕴含着西方新自由主义的价值观,强调“小政府大社会”“多元主体”“多中心主义”“绝对人权与绝对民主”“彻底私有化、完全市场化、绝对自由化”等。王绍光曾指出,“在过去二三十年,许多热衷治理研究的国内外学者都认为,公共管理已经发生了‘范式转换’(paradigm shift)”,即“从‘政府’(government)转为‘治理’(governance)”[①]。他们主张:“第一,政府不应该是影响社会经济发展的唯一角色;第二,权力应该更广泛地分布,从政府单极分散到许许多多个独立的、非政府的权力中心;第三,市场优于政府,凡是市场能办的事情就应依靠市场,市场是优先选择。一言以蔽之,所谓范式转换,说到底就是要改变国家的角色。”[②]以至于“中国学者广泛认为,治理就是无需政府的公共管理”[③]。显然,西方的“治理”和“善治”理论所蕴含的新自由主义的价值与中国特色社会主义价值体系是不一

① 王绍光.治理研究:正本清源[J].开放时代,2018(2):153-176.

② 王绍光.治理研究:正本清源[J].开放时代,2018(2):153-176.

③ Yu Keping. Toward an Incremental Democracy and Governance: Chinese Theories and Assessment Criteria[J]. New Political Science,2002(2):195-196.

致的，因此我们必须结合中国的历史传统和现实国情，辩证看待、批判吸取西方治理理论的合理因素，探讨体现“民族性”的中国特色社会主义国家治理理论与实践。

习近平曾指出：“我们治国理政的本根，就是中国共产党领导和社会主义制度。我们思想上必须十分明确，推进国家治理体系和治理能力现代化，绝不是西方化、资本主义化！”[①]因此，中国国家治理现代化一方面要广泛吸收人类文明的积极成果，但另一方面也要保持自身的“民族性”。第一，国家治理现代化必须以坚持和完善中国特色社会主义制度为出发点。党的十九届四中全会指出，“中国特色社会主义制度是党和人民在长期实践探索中形成的科学制度体系，我国国家治理一切工作和活动都依照中国特色社会主义制度展开，我国国家治理体系和治理能力是中国特色社会主义制度及其执行能力的集中体现”[②]。第二，国家治理现代化必须以坚持中国共产党的全面领导为根本保证。习近平指出：“中国共产党领导是中国特色社会主义最本质的特征，中国共产党是国家最高政治领导力量，是实现中华民族伟大复兴的根本保证。东西南北中，党政军民学，党是领导一切的。”[③]第三，国家治理现代化必须以中国特色社会主义核心价值观为价值引领。国家治理现代化体现在目标上，就是要建成富强民主文明和谐美丽的社会主义现代化强国；国家治理现代化体现在过程中，就是要构建体现自由、平等、公正、法治的制度和治理体系；国家治理现代化体现在主体上，就是要培养人民爱国、敬业、诚信、友善的品格。第四，国家

① 习近平．在省部级主要领导干部学习贯彻十八届三中全会精神全面深化改革专题研讨班开班式上发表重要讲话[N]．人民日报，2014-02-18.

② 本书编写组．中国共产党第十九届中央委员会第四次全体会议文件汇编[G]．北京：人民出版社，2019：3.

③ 习近平．在第十三届全国人民代表大会第一次会议上的讲话[N]．人民日报，2018-03-21(2).

治理现代化必须坚持人民性，体现以人民为中心的理念。习近平同志强调，“人民对美好生活的向往，就是我们的奋斗目标”。[①] 因此，国家治理现代化必须坚持人民的主体地位，坚持和完善人民当家作主制度体系、发展社会主义民主政治、增进和改善民生。当然，国家治理现代化在秉持其“民族性”的同时，还必须保持开放的心态，一方面要坚持改革创新，坚决破除一切思想观念和体制机制的障碍，构建系统完备、科学规范、运行有效的制度和治理体系；另一方面要坚持对外开放，广泛借鉴和吸收人类文明的积极成果，不断完善中国特色社会主义制度。

三、中国国家治理现代化的“实践性”

“国家治理现代化”不只是一个理念、理想或理论，而是具有坚实基础、强烈动因、明确路线和目标的伟大实践。党的十九届四中全会《决定》就是推进国家治理现代化的行动纲领。

第一，中国国家治理现代化有坚实的实践基础。近代以来，中国人民为实现民族独立和国家富强进行了 180 多年的探索，实现了从站起来到富起来再到强起来的伟大飞跃；中国共产党自诞生以来，为共产主义事业已奋斗了 100 年，使中国特色社会主义旗帜在 21 世纪的中国被高高举起；自中华人民共和国成立以来，经过 70 多年的建设和发展，创造了世所罕见的经济快速发展和社会长期稳定的奇迹，成为发展中国家走向现代化的典范。实践证明，中国共产党人把马克思主义基本原理与中国实际结合起来，不断推

① 习近平谈治国理政(第一卷)[M]. 北京：外文出版社，2018：185.

进理论创新，不断丰富和发展中国化马克思主义，为推进国家治理现代化奠定了理论基础；中国在坚持科学社会主义基本原则的基础上坚持改革开放，不断推进制度创新，构建了具有强大生命力和巨大优越性的中国特色社会主义制度体系和治理体系，为推进国家治理现代化奠定了制度基础；中华民族近代以来的现代化探索，从救亡与启蒙到独立和发展，从跟上西方国家的现代化步伐到与西方国家并行且开始引领人类现代化，成功开创了发展中国家走向现代化的道路，为推进国家治理现代化奠定了实践基础。

第二，中国国家治理现代化有强烈的实践动因。首先，国家治理现代化核心是制度现代化，制度现代化是建设现代化国家的内在要求。从工业化到四个现代化，从四个现代化到全面现代化是一个在理论和实践上不断推进和逐级提升的过程。制度问题是根本性、战略性问题。早在 1986 年邓小平就指出："不改革政治体制，就不能保障经济体制改革的成果，不能使经济体制改革继续前进，就会阻碍生产力发展，阻碍四个现代化的实现。"①"相对于'四个现代化'而言，国家治理现代化将是一场深刻的制度变革和治理变革……也是更具根本意义上的现代化和更加全面的现代化。"②其次，制度优势是一个国家最大的优势，制度竞争是国家间最根本的竞争。在激烈的国际竞争中，要充分展现中国特色社会主义的优越性，就必须坚持和完善中国特色社会主义制度，推进国家治理体系和治理能力现代化。最后，制度现代化是实现"两个一百年"奋斗目标的制度保障。建设社会主义现代化强国、实现中华民族伟大复兴是近代以来中国共产党和全国各族人民孜孜以求的梦想，历经 70 多年的建设和发展中国已取得了举世瞩目的成就，"我

① 邓小平文选(第三卷)[M]. 北京：人民出版社，1993：176.

② 虞崇胜. 实现全面现代化的一次重大擘划[J]. 同舟共进，2016(1)：19-20.

们比历史上任何时期都更接近、更有信心和能力实现中华民族伟大复兴的目标”[①]。然而，面对百年未有之大变局，面对错综复杂的国际国内形势，面对各种风险、挑战和不确定性，要实现中华民族伟大复兴必须要强有力的社会制度来保障。

第三，中国国家治理现代化有明确的路线和目标。党的十八届三中全会首次提出了“国家治理现代化”的命题，并将其作为全面深化改革的总目标之一。“全面深化改革”具有划时代的意义，是自党的十一届三中全会以来中国改革开放的“新阶段”和“再出发”，新一轮改革更多面对的是深层次的体制机制问题、制度问题，不再是“摸着石头过河”，更强调顶层设计，更强调系统性、整体性和协同性。因此，党的十八届三中全会对全面深化改革作出总体部署，涉及15个领域的336项改革举措。党的十九大之后，加快了全面深化改革的步伐。党的十九届三中全会通过了《中共中央关于深化党和国家机构改革的决定》，涉及8个方面60余个机构改革方案，如今从中央到地方，党和国家机构基本完成，中国特色社会主义制度进一步成熟定型。在党的十九届四中全会上，进一步明确了国家治理现代化的目标、时间表和路线图，即“到二〇三五年，各方面制度更加完善，基本实现国家治理体系和治理能力现代化；到新中国成立一百年时，全面实现国家治理体系和治理能力现代化，使中国特色社会主义制度更加巩固、优越性充分展现”[②]。党的十九届四中全会还就加强党对坚持和完善中国特色社会主义制度、推进国家治理体系和治理能力现代化的领导提出了具体要求。

---

① 本书编写组.党的十九大报告辅导读本[M].北京：人民出版社，2017：15.

② 本书编写组.中国共产党第十九届中央委员会第四次全体会议文件汇编[G].北京：人民出版社，2019：6.

概括而言,准确把握国家治理现代化的时代性、民族性和实践性,是全面推进国家治理现代化的前提和基础。必须以新时代为立足点,放眼中华民族伟大复兴的伟大目标;必须在广泛借鉴世界各国治理理论和经验的时候,充分结合中国的实际,突显国家治理现代化的社会主义本质和中国特色;必须结合国家治理伟大实践开展国家治理理论研究,切忌从理论到理论的空谈。